선량하고 서민적인 건물주 K씨와 악랄한 임차인

권용득 만화

머리부터 발끝까지 선량하고 서민적인 K씨는 근검절약이 몸에 배어 있었다. 쓸데 없이 과소비를 하는 법도 없었고 성실한 납세자였으며 무엇보다 자기 자신에게 정직한 사람이었다.

국밥과 소주

누가 봐도 서민적인 K씨

또 K씨는 빼어난 말솜씨와 수완으로 처음으로 만나는 사람과도 쉽게 친해졌고, 상냥한 성격 덕분에 그의 주변에는 그를 칭찬하지 않는 사람이 없었다.

이 정도면 친절한 거겠지?

<좋은 하루 보내세요.^^> 라고 눈웃음까지 붙여가며 페이스북에 댓글 다는 중

하지만 안타깝게도 K씨는 직업이 딱히 없었고, 대대로 상속받은 부동산을 몇 개 소유하고 있을 뿐이었다.

(내) 인생은 (안전한) 도박!

그는 어릴 때부터 땅따먹기를 무척 좋아했다.

다만 K씨는 이런저런 명목으로 부동산에 관한 세금을 곧잘 아끼곤 했는데 혹자는 편법적인 탈세 행위라고 할 수도 있겠지만, 그건 근검절약이 몸에 배인 K씨를 전혀 모르고 하는 소리일 뿐이다.

탈세라뇨? 절세죠, 절세. 내지 않아도 될 세금을 군이 낼 필요는 없잖아요?

K씨는 그렇게 아낀 세금의 일부를 자신을 위해 쓰는 대신 교회에 헌금했는데 누가 알아주지 않아도 서운해하는 법이 없었다. 말하자면 K씨는 가진 게 돈밖에 없었고 자기 자신의 **욕망**에 정직한 사람이었다.

하나님은 알아주시겠죠.

아멘!

K씨는 자신의 건물을 청소하는 하청업체 근로자가 화장실에 숨어서 점심을 먹는 줄은 까맣게 몰랐을 만큼 순진무구하기도 했다.

이게
사는 건가?

뚝
뚝

만약 K씨가 그 사실을 알았다면 절대 가만히 있지 않았을 것이다. 가령 그는 자신이 직접 고용한 경비원의 여러 애로사항에 관해서는 마치 자기 일처럼 여겼다.

경비실이 따로 없어서
불편하다고 하셨죠?
제가 아저씨 생각해서
하나 마련해봤는데,
어때요? 고맙죠?

……

발레파킹
2,000원

요컨대 K씨는, 남들보다 돈이 좀 많다고 아무데나 갑질을 일삼는 천박한 자산가와는 머리부터 발끝까지 달랐다.

아무렴 요즘 세상이
어떤 세상인데요.
갑질은 있을 수
없는 일이죠.

그런 그에게 골칫거리가 하나 있었는데 그건 바로 자신이 소유한 상가건물의 임차인이었다.

오늘의 국수
멸치국수·비빔국수·콩국수
정성껏 만들었습니다.
대표전화: 010-XXXX-XXXX

부동산 투거 **투자**가 유일한 소일거리인 K씨에게 해마다 빠짐없이 오르는 은행 대출이자와 각종 인건비는 늘 걸림돌이었고, 때문에 월세 소득만으로는 K씨의 **소박한** 생활이 예전 같지 않았다.

주말에는 가볍게 (해외로)
바람이나 쐬고 오려고
했는데, 이게 사는 건가?

각종 고지서 →

그런데 K씨가 소유한 상가건물 주변이 사람들의 입소문을 타면서 맛집 골목으로 번창하기 시작했고, 주변 상권의 가치와 임대료까지 덩달아 껑충 뛰었다.

오!

오늘의 국수
멸치국수·비빔국수·콩국수

멸치국수
비빔국수
콩국수

K씨는 고민 끝에 임차인에게 임대료를 **조금만** 올려 달라고(이따금 **가볍게 바람이나** 쐴 수 있을 만큼) **인간적으로** 부탁했다. 하지만 임차인은 대뜸 K씨의 말꼬리부터 잡았다.

K씨 : 월 이 백만 더 받을게요. 그래도 주변 시세이 비하면 많이 받는 거 아니에요. ^^

임차인 : 왜 또 그러세요? 얼마 전에도 올려드렸잖아요. 그때도 월세 때문에 저희 직원 하나 내보냈단 말이에요. 그리고 남은 계약 기간 동안에는 더 이상 월세를 올리지 않겠다고 말씀하셨잖아요. ㅜㅜㅜ

K씨는 자신이 소유한 건물을 자기 마음대로 할 수 없는 부조리한 상황에 무언가 단단히 잘못됐다는 생각이 들었지만, 어디까지나 **인간적으로** 좋게 좋게 해결하고 싶었다.

그건 그때 얘기고, 지금은 상황이 다르잖아요.

아니, 그런 법이 어딨어요?

아, 법대로 하시겠다?

그런 얘기가 아니고, 실은 저희가 그만한 형편이 안 돼요.

임차인

때마침 K씨가 임차인에게 요구했던 월세를 기꺼이 드리겠다는 **상식**과 **교양**을 겸비한 사업주가 나타났다.

저희는 형편이 됩니다! 저희가 입점하겠습니다!

?

대기업 프랜차이즈 식당

K씨는 새 임차인을 위해서라도 어떻게든 지금의 말 안 통하는 임차인을 내쫓고 싶었지만, 그게 생각처럼 쉽지 않았다.

K씨 : 제가 그쪽 때문에 손해가 이만저만이 아니에요. 제가 뭐 자선사업가도 아니고, 저도 먹고 살아야 하잖아요. 이제 그만 나가주세요.

대기업 프랜차이즈 : 옳소!

임차인 : 저희 장사는요? 그동안 월세도 한 번 밀린 적 없는데 왜 이러세요. 정말!

그건 내 알 바가 아니지.

그런 말씀이 어딨어요. 저희 같은 가게들 때문에 여기 땅 값도 올랐잖아요.

사장님, 화이팅!

임차인은 K씨가 사정상 상가건물을 재건축하는 동안에도 나가지 않았고, 계약 기간이 만료되는 시점에는 정중히 나가 달라고 부탁했지만 도리어 재건축을 하는 동안 자신들이 입은 손해와 권리금까지 책임을 지라고 했다.

K씨 : 아니, 이 사람들이 적반하장도 유분수지. 당신들이 뭐 이 건물 올리는데 시멘트라도 한 포대 보태줬어? 아니면 벽돌을 날랐어? 사람이 말이야. **좋게 좋게** 말을 하면 **좋게 좋게** 몰라? 엉?
임차인 : 암만 그래도 이건 아니잖아요!

결국 임차인이 좋아하는 법대로 할 수밖에 없게 됐는데, 다행히 정의롭고 공평한 법은 K씨의 편이었다.

계약갱신이 이루어지지 않았으니 임차인은 가게를 비우는 게 맞소~.

하지만 악랄한 임차인은 주변 상인들과 무지몽매한 대중을 선동해 집단적으로 저항했고, K씨는 일부 몰지각한 언론에 의해 졸지에 갑질을 하는 모양새가 됐다.

같이 살자. 쫌!

아니, 이게 말이 돼? 나는 그저 좋은 마음에 좋은 뜻으로, 없는 사람들이 열심히 사는 것 같아서 좀 도와주려고, 내 건물에서 장사를 하라고 인간적으로 배려해줬을 뿐인데, 어? 고마운 줄도 모르고, 어? 은혜는 못 갚을망정 이게 말이 되냐고요, 지금? 어이가 없네, 정말!

같이 살자, 쫌!

K씨는 억울했다. K씨는 임차인이 좋아하는 법대로 했을 뿐인데 법대로 되지 않는 현실을 한탄했고, 세상도 점점 그를 안타깝게 여기기 시작했다.

뭐 있는 사람들이 죄 지었어? 빨갱이 같은 놈들!

맞아, 요즘에는 약자 코스프레가 유행이래.

피해자 코스프레도 만만치 않지.

아니, 이게 억지 쓴다고 될 일이야? 쯧쯧쯧!

하여 이렇게 호소드린다. 누가 봐도 선량하고 서민적인 K씨에게, 악랄한 임차인을 이왕이면 합법적으로 내쫓을 방법 좀 알려주실 분 어디 안 계신가요? 부디 응답이 있길 바라며 나는 우리 사회에 **정의**가 아직 살아있다고 믿는다.

휴, 맘 편히 상가를 임대할 날이 어서 빨리 왔으면……

참나!

합법적으로 임차인을 내쫓아드립니다

구본기 지음

대한민국에서
자영업자로 살아남는 법

초록비 책공방

추천의 글

임대인과 임차인 간의 수많은 분쟁들을 겪으면서 "합법적으로 내쫓는 것이니 문제없다."라는 말을 자주 듣는다. 이미 사람들의 인식 속에 "법대로"라는 말의 함의는 도덕적 잣대가 필요 없는 '옳은' 결론인 듯하다. 불합리한 현행 「상가건물임대차보호법」 하에서는 이 말로 인해 수많은 임차상인들이 삶의 기로에 서게 되는 데 말이다. 이런 상황에서 이 책의 추천사를 부탁받았을 때, 외람된 표현일지 모르나 사실 '뜨악!' 했다.

자영업 660만 시대, 이 땅의 '사장님'들은 오늘도 열심히 장사하고 있다. 하지만 장기적인 경기 침체와 더불어 OECD 평균 두 배에 육박하는 자영업자 비율을 자랑하는 한국에서 장사를 하기란 참으로 어렵다. 게다가 어렵게 가게를 꾸리고, 피나는 노력으로 박토를 옥토로 바꾼 임차상인들에게 돌아오는 임대인의 "나가!"라는 말 한 마디는 그야말로 모든 것을 잃고 삶을 송두리째 빼앗기는 것을 의미한다.

문제점은 이뿐만이 아니다. 똑같은 임차상인이라도 법의 적용범위와 적용시점, 그리고 어떤 임대인을 만났는가에 따라 그 운명이 판이하게 갈리는 것이 지금의 임차상인의 불안한 삶이다. 맘상모는 이렇듯 '운'에 맡겨지다시피 하는 임차상인의 문제가 개인의 문제가 아닌 사회 구조적인 제도의 문제라고 생각하고 임차상인들의 힘으로 이를 조금씩 바꿔나가고 있다. 두 차례의 법 개정을 위한 활동이 그 러했고, 피해가 발생한 수많은 현장에서 상생을 촉구하는 활동이 그 러했다.

책의 기막힌(?) 제목을 보며 우려가 드는 것이 사실이다. 저자가 본문에 쓴 내용처럼 "세상에! 이런 좋은 방법이 있었다니!"라고 외칠 임대인이 있을지도 모르니까. 하지만 한 가지 분명한 진실이 있다. 임 대인이 '합법적으로' 임차인을 내쫓는 그것을 사람들이 가만히 보고 만 있지는 않을 것이라는 믿음이 그것이다. 이 책을 읽는 사람들 또 한 그러리라 믿는다.

그동안 맘상모와 쫓겨날 위기에 처한 수많은 임차상인들의 외침으 로 세상이 조금씩 바뀌었다. 법도 법이지만 결국에는 사람의 문제라는 것을, 쫓겨날 위기에 처한 '사장님'들이 차근차근 증명해나가고 있다.

이 책을 읽는 독자들, 특히 건물을 소유한 이라면 꼭 이 말을 기 억해주길 바란다.

"법도 법이지만 사람의 문제다! 함께 살자!"

맘편히장사하고픈상인모임 상임활동가

조 윤

이 책은 임대인을 위한 책이 아니다. 혹시라도 제목만 보고 오해하는 임대인이 없길 바란다. 그렇다고 임차인만을 위한 책도 아니다. 임차인이 이 책을 통해 어떻게 하면 쫓겨나지 않을 수 있는지에만 관심을 가졌다면 그건 단견短見이다.

이 책은 궁극적으로 우리 사회의 상생을 위한 책이다. 저자가 임대인이 어떻게 임차인을 내쫓는지를 구체적으로 설명하는 형식을 띤 것은 현재의 임차인 보호제도가 갖는 허점을 여실히 드러내기 위한 전략적 선택일 뿐이다. 마을이 다시 살아나고 지역경제가 활성화되기 위해서는 임대인과 임차인의 대결구도를 극복해야만 한다. 부디 이 책을 통해 임차인 보호제도의 허점이 일반 시민들에게까지 공유되고 나아가 법 개정으로 이어지기를 바란다. 이러한 변화에 동참하는 것이 우리 시민이 취할 수 있는 최선의 자세다.

《상생도시》 저자, 토지+자유연구소 센터장
조성찬

차 례

1부

임대차 분쟁을 조장하는 듯한

잘못된 전제 두 가지

2부

합법적으로
임차인을 내쫓는
방법이라 쓰고

상가건물
임대차보호법의
허점이라 읽는다

3부

합법적으로 권리금을 빼앗는 방법이라 쓰고 | 권리금 회수기회 보호조항의 허점이라 읽는다

부록

현행 상가건물
임대차보호법
& 맘상모법

깐깐하게
살펴보기

상가건물 임대차 보호법

저자의
속마음

누구를
보호하고
있나요?

2016년 7월, 임대인 가수 리쌍이 고용한 백여 명의 용역업체 직원이 강제집행을 위해 서울 가로수길에 있는 곱창집 '우장창창'을 덮쳤다. 실로 엄청난 규모였다. 굴삭기도 등장했다. 난 정말 '이러다간 앞으로 탱크가 동원될 수도 있겠다'고 생각했다(집행관의 강제력 사용에 저항이 있는 경우 해당 집행관은 「민사집행법」에 근거해 국군의 원조도 요청할 수 있다.).

　　그들은 칼로 천막을 뜯어내고 실내로 진입, 바퀴벌레를 퇴치하듯 밀폐된 공간에 모여 있는 '맘상모(맘 편히 장사하고픈 상인 모임)' 회원들을 향해 소화기를 분사했다. 모두 합법이라는 기치 아래 이루어진 행위였다. 회원 중 누군가는 울었고, 다쳤다. 그리고 소리쳤다.

"안에 사람이 있어요!"

임대인이 가진 재산(건물 및 토지 소유권, 즉 월세 등으로 치환되는 가치)과 임차인이 가진 재산(영업시설 및 인지도, 브랜드 등 이른바 권리금으로 치환되는 유무형의 가치)의 충돌은 언제나 임차인만을 아프게 한다. 현행 법률은 두 재산을 동등하게 취급하지 않는다. 이는 현행 「상가건물 임대차보호법」을 통해 여실하게 드러난다.

임대인은 임대차 계약 5년 후에는 월세를 얼마든지(가령 1만%) 올릴 수 있다(「상가건물 임대차보호법」 제10조 제2항, 제3항).

임차인은 임대인이 임대차 계약 6년 차 되는 해에 "가게 좀 빼주시오!"라고 하면 그 말 한 마디에 애써 일군 가게를 접어야 한다(「상가건물 임대차보호법」 제10조 제2항).

임대인은 임차인이 권리금을 회수하기 위해 데려온 신규 임차인과의 계약을 합법적으로 거부할 수 있다(「상가건물 임대차보호법」 제10조의4 제1항, 제2항 제3호, 제10조의5 제1호).

재건축은 임차인을 내쫓기 위한 아주 훌륭한 구실이 된다(「상가건물 임대차보호법」 제10조 제1항 제7호). 등등.

한 건축물 내에서 몇 개의 재산이 서로의 권리를 주장하는 것, 그것이 바로 임대인과 임차인의 오래된 갈등의 핵심이라면 과연 임대인(건물주)끼리의 재산이 충돌할 때는 어떠할까? 언젠가 그것이 궁금하여 「집합건물의 소유 및 관리에 관한 법률」을 펼쳐본 적이 있다.

여러 명이 한 건축물을 나누어 소유할 수 있는 집합건물의 경우 그들끼리의 분쟁이 생길 때를 대비하여 그 분쟁을 심의·조정하기 위한 '집합건물분쟁조정위원회'를 특별시·광역시·특별자치시·도 또는 특별자치도에 두어야 한다(「집합건물의 소유 및 관리에 관한 법률」 제52조의2 제1항). 재건축을 하기 위해서는 소유자 5분의 4 이상의 승낙이 있어야 한다(「집합건물의 소유 및 관리에 관한 법률」 제47조의 제2항).

재건축에 참가하지 않을 뜻을 밝힌 5분의 1의 소유자는 자기 재산을 다른 소유자에게 시가로 매도할 수 있고(「집합건물의 소유 및 관리에 관한 법률」제48조 제4항), 법원이 불가피성 등을 인정할 경우 1년 이내에 그곳에 머물 수도 있다(「집합건물의 소유 및 관리에 관한 법률」 제48조 제5항). 재건축 결의일로부터 2년 이내에 건물 철거공사가 착수되지 않는 경우 자신의 재산을 시가로 매도했던 전 소유주는 같은 금액으로 자신의 재산을 되찾아올 수도 있다(「집합건물의 소유 및 관리에 관한 법률」 제48조 제6항).

두 법률의 비교가 시사하는 바는 명확하다. 임대인의 재산은 임차인의 재산보다 소중하기 때문에 임차인은 임대인의 뜻에 의해 재산을 상실해도 괜찮지만, 임대인끼리의 재산은 누구할 것 없이 서로 소중하기 때문에 두 재산이 충돌할 때에는 되도록이면 평화롭고 공정하게 사건을 마무리지어야 한다는 것 아닌가!

권리금 등으로 표현되는 임차인의 재산이 월세 따위로 표현되는 임대인의 재산에 비해 열등하므로, 임대인의 이익을 위해 임차인의 재산이 상실되어도 괜찮다는 선민사상적, 아니 임대인(건물주) 우월주의적 철학은 「상가건물 임대차보호법」을 비롯하여 「도시 및 주거

환경정비법」 등 부동산 관련 법률에 아주 자연스럽게 녹아 있다. 이러한 차별을 바로잡지 않는 이상 임대인이 고용한 용역업체 직원들이 가게를 때려 부수는 일, 임차인이 울고 다치는 일, 그리하여 결국 임대인이 임차인의 재산을 착복하는 일은 계속해서 반복될 것이다.

{ 상가건물 임대차보호법, 허점이 드러나다 }

최근 벌어진 일명 '임대인 리쌍 사태'의 핵심은 「상가건물 임대차보호법」의 허점을 리쌍이 가차 없이 파고들었다는 데 있다. 법률에는 이미 리쌍이 그리해도 되는 길(임차인을 내쫓내도 되는 길)이 나 있었고, 리쌍은 다만 자신의 이익을 쫓아 최선을 다해 그 길을 걸었다. 그리하여 리쌍과 리쌍 지지자들은 웅변한다.

"법대로 했는데 무엇이 문제냐!"

정의와 도덕이라는 이상적 관념을 덜어내고, 오직 '준법이라는 권위주의의 잣대'*로만 보자면, 리쌍과 그 지지자들은 분명 틀리지 않았다.**

◆리쌍 지지자들에게서 공통으로 발견되는 '법대로 했으니 문제될 게 없다'는 식의 태도는 사뭇 놀랍다. 사실 임대인 리쌍 사태와 관련된 거의 모든 여론의 갈래가 '합법=문제없음'으로 수렴한다고 표현해도 크게 틀린 말이 아니다. 일찍이 칼 포퍼는 《열린 사회와 그 적들》이란 책을 통

해서 이러한 사고방식을 '소박한 일원론'이라 부르며 '닫힌 사회'의 특성이라 기술한 바 있다. 소박한 일원론의 상태란 '자연적 법칙'과 '규범적 법칙'을 구별하지 못하는 상태, 다시 말해 인간 스스로가 만든 법률 등을 해가 뜨고 달이 지는 자연의 법칙과 혼동하여 절대로 바꿀 수 없다고 여기는 순종의 상태(무기력의 상태)를 말한다. 해일이라는 자연현상 자체에 도덕을 논할 수 없듯이, 소박한 일원론의 상태에 놓인 사람은 「상가건물 임대차보호법」과 같은 비(非)인권적 법률에도, 용역이 동원된 끔찍한 강제집행에도 정의를 묻지 못한다.

◆◆'지금의 「상가건물 임대차보호법」이 정의인가?'에 관한 물음에 답을 구하고자 한다면 존 롤스가 《정의론》에서 언급한 '무지의 베일 뒤에서의 선택 사고실험'이 도움이 될 것이다. 즉 자신이 앞으로 임차인이 될지 임대인이 될지 전혀 알 수 없는 어느 가상의 세계에 떨어졌을 때, 어떤 선택을 할 것인지를 생각해보는 것이다. 이런 경우 사람들은 자신의 이익을 생각하는 대신 손해를 보지 않는 길을 모색하게 된다. 모두가 공평하게 대우받을 수 있도록 허용되는 정의의 원칙을 선택하는 것이다. 이때에도 과연 리쌍은 임대인의 변덕에 의해 언제든지 임차인이 쫓겨날 수 있는 지금의 이 허술한 「상가건물 임대차보호법」을 긍정할 수 있을까?

원래의 「상가건물 임대차보호법」은 '보증금+(월세×100)의 금액'이 일정 수준을 초과하는 임대차(이하 '환산보증금 초과 임대차')에 대해서는 일절 적용이 배제되는, '완벽한 차별'을 전제로 하는 법률이었다.

그러나 이러한 태도가 일부 타당하지 않다는 판단 아래 법률이 개정되었고, 2014년 1월 1일부터 환산보증금 초과 임대차에 대해서도 최대 5년의 계약갱신요구권을 인정하게 되었다.

이로 인해 "임차인은 최대 5년의 계약갱신요구권을 행사할 수 있다."는 제10조 제2항과, "갱신된 임대차는 전 임대차와 동일한 조건으로 다시 계약된 것으로 본다."는 같은 조 제3항이 환산보증금 초과 임대차에 대해서도 적용되게 되었는데, 어찌된 일인지 바로 그 밑의 제4항이 환산보증금 초과 임대차의 경우에는 그 적용 대상에서 빠지면서 지금의 '임대인 리쌍 사태'가 불거진 것이다. 「상가건물 임대차보호법」 제10조 제4항은 다음과 같다.

> "임대인이 제1항의 기간 이내에 임차인에게 갱신 거절의 통지 또는 조건 변경의 통지를 하지 아니한 경우에는 그 기간이 만료된 때에 전 임대차와 동일한 조건으로 다시 임대차한 것으로 본다."

통상 '임대차보호법에 의한 묵시의 갱신 관련 조항'이라고 부르는 부분이다. 임대차보호법이 보장해주는 특정기간 내(「상가건물 임대차보호법」은 5년)에, 그리고 계약서상의 임대차 계약이 끝나는 즈음해서, 임대인과 임차인이 아무런 '액션'을 취하지 않으면 이전의 계약과 동일한 조건으로 계약이 체결된 것으로 보는 장치이다. 그리고 이것은 일종의 '임대차 상식'에 속한다.

'우장창창'의 서윤수 사장은 이러한 상식에 의거, 자신이 이 묵시의 갱신에 해당하는 줄 알고 계속해서 장사를 했던 것이다. 그러니까 기존 2년의 계약이 끝나도 「상가건물 임대차보호법」에 의해 자동으로 계약이 연장되어 최소 5년은 장사를 할 수 있을 줄로만 알았던 것이다.

2년만 장사하고 나올 생각으로 가게를 여는 상인이 있을까? 과연 '환산보증금 초과 임대차의 경우 계약 종료 1개월 전까지 임대인에게 계약갱신을 요구해야만 계약이 갱신된다'는 사실을 아는 임차인이 몇이나 있을까? 하필 리쌍은 서윤수 사장의 그런 실수를 놓치지 않았다.

'상가임차인 보호를 더욱 강화한다'는 당시의 법률 개정 취지에 비추어 보자면, 제10조 제4항은 「상가건물 임대차보호법」의 허점으로 보인다. 설상가상으로 「상가건물 임대차보호법」 내에는 이런 구멍이 십수 군데에 이른다. 지금의 법률대로라면 모든 임차상인은 임대인의 변덕에 의해 언제든지 쫓겨날 수밖에 없는 상황이다.

난 리쌍이 이번 사태 이전부터 「상가건물 임대차보호법」의 빈틈을 알고 있었을 것이라 생각지 않는다. 리쌍이 문제로 삼은 누락 조항은 「상가건물 임대차보호법」의 구멍 중에서도 아주 어렵게 다루어지는 부분이기 때문이다. 아마도 전문가(변호사 등)의 컨설팅이 있었을 것이다.◆

◆요즘 임대인이 이토록 효과적으로 임차인을 내쫓을 수 있는 까닭 중의 하나는, 변호사들이 임대인을 상대로 '임차인 내쫓기 서비스'를 제공하고 있기 때문이다. 믿기지 않는다면 다음의 두 홈페이지에 접속해보라.
http://www.ujsdp.com
http://myongdo.com

이런 내 추론이 합당하다면, "보통의 임차인은 상가건물 임대차보호법의 허점을 잘 모른다."라는 명제도 타당할 것이다. 그러나 지금의 여론은 법률에 무지했던 임차인 서윤수 사장을 나무라기에 바쁘다. 황색언론은 헤드라인을 통해 '을질'이라는 형용모순('을'은 감히 '질'이라는 걸 할 수 없다.)을 거리낌 없이 구사하며 '리쌍 감싸기'에 여념이 없다. 여기에 더해 서윤수 사장이 그간 월세를 잘 내지 않았다는 등의 유언비어마저 퍼지고 있다. 상황이 나쁘지 않은 리쌍은 그냥 '노코멘트'다.

난 사태 직후 세간에 이름 좀 알려졌다는 전문가들이 나서서 「상가건물 임대차보호법」의 허점을 대대적으로 고발할 줄 알았다. 그러나 그들은 침묵했고, 사태 이후 한참이 지난 지금까지 그 어디에도 「상가건물 임대차보호법」의 허점을 정리한 콘텐츠가 보이질 않는다. 그리하여 대중은 이런 엄청난 난장판을 목격하고도 고작 '상가건물 임대차보호법에 무슨 문제가 있나 봐?'라는 정도의 가벼운 감상만을 가지게 되었다.

그러나 이번 사태는 마냥 쉽게 눙치고 넘어갈 일이 아니다. 강제집행은 두 번의 시도 만에 성공하였고 서윤수 사장은 이제 백수가 되었다. 대중은 리쌍의 승리를 축하한다. 이러한 황당한 세태는 앞으로 비슷한 비극이 사방에서 반복될 것이라는 점을 암시한다.

{ 우리가 작고 오래된 단골집을 가질 수 없는 이유 }

동네가 뜨면 임차상인이 쫓겨나는 문제, 소위 '상업 젠트리피케이션'이 발생하는 까닭의 9할 이상은 「상가건물 임대차보호법」의 후진성에 있다. 우리나라에 일본과 같은 '100년 가게'가 없는 이유는 단 하나, 법률이 임차인을 제대로 보호하지 못하고 있기 때문이다.

일본에는 대를 잇는 가게가 들어설 수 있도록 애초에 법률로 제도를 마련해놓았다. 가령 임대차 기간이 만료되어도 '정당한 사유'가 없으면 임대인은 임차인의 계약갱신청구를 거절하지 못한다. 그리고 그 계약갱신청구 거절에 대한 임대인의 '정당한 사유'는 법원에 의해 매우 엄격하게 해석되고 있다.

때문에 임차인은 임차인으로서의 의무를 저버리지 않는 한, 같은 자리에서 거의 평생에 걸쳐 장사를 할 수 있다. 이 밖에도 일본에는 '차임이나 보증금에 대한 증액청구는 20분의 1 범위를 초과할 수가 없다'는 등 여러 가지 임차인 보호장치가 구비되어 있다〈「일본차지차가법」에 대한 고찰〉, 감창보 · 김여선, 2014〉.

2016년 7월 21일, 맘상모 회원들의 바람을 담은 법안인 이른바 '맘상모법(「상가건물 임대차보호법」 일부 개정안)'이 더불어민주당 박주민 의원 등에 의해 발의되었다. 맘상모 회원들은 2015년부터 자신들의 피해 사례를 공유하여 「상가건물 임대차보호법」의 허점을 스스로 발굴해내었고, 각계 인사들과 머리를 맞댄 끝에 나름의 해법을 찾았다. 맘상모법은 이름 그대로 맘 편히 장사하고픈 상인들이 만든 법률이다. 해당 개정안은 일본의 「차지차가법」을 떠올리게 만든다. 만약 이 개정안이 국회를 통과한다면 우린 드디어(!) 동네에 작고 오래된 단골집을 하나 이상씩 갖게 될 것이다. 일본 드라마 〈심야식당〉 따위를 보며 그들의 유대감과 허름하면서도 정갈한 공간의 멋에 마음을 빼앗기지 않아도 되는 날이 온다는 말이다.

개정안이 국회를 통과하려면 넘어야 할 산이 많다. 우선 우리 모두가 지금의 「상가건물 임대차보호법」이 얼마나 형편없는지를 인식해야 한다. 국회를 압박하는 하나된 시민의 힘은 그 뒤에나 나올 것이다.

이 작은 책은 시쳇말로 '법알못(법을 잘 알지 못하는 사람)'이라 불리는 일반인에게 「상가건물 임대차보호법」의 허점을 상세히 전하기 위해 쓰였다. 내가 이 책의 글쓰기 전략으로 택한 것은 '역 접근'이다. 리쌍이 (아마도) 부동산 법률 전문가에게 컨설팅을 받았던 것처럼, 이 책에서 나는 임대인의 이익을 위해 일하는 컨설턴트가 되어 '합법적으로 임차인을 내쫓는 방안'에 대해 조언할 것이다. 이것은 임대인을 위해 일하는 컨설턴트가 존재한다는 엄연한 사실을 (그러나 보통 사람의 일상에는 거의 드러나지 않는 사실을) 독자로 하여금 분명히 환기시키기 위한 장치라고 할 수 있다.

부동산 법률 전문가들은 일반적으로 토지나 건물의 '거래(임대 또는 매매)' 혹은 '분쟁'을 통해 수익을 얻는다. 때문에 그들은 임차인이 언제든 쫓겨날 수 있는 (그래서 거래와 분쟁이 일상일 수밖에 없는) 지금의 「상가건물 임대차보호법」을 지지한다. '임차인을 위한 「상가건물 임대차보호법」 개정안'이 국회를 통과하기 어려운 까닭 중 하나이다. 어떤 이들은 아예 대놓고 임대인에게 임차인을 내쫓으라 권하기도 한다. 그들이 하는 이러한 적극적 수익 추구의 행위가 바로 '임차인 내쫓기 컨설팅'이다.

독자는 임대인의 편에서 써진 내 글을 읽으며, 정말로 현행 「상가건물 임대차보호법」이 임대인의 재산증식에 유리하게 설계되어 있다는 사실을 실감하게 될 것이다. 혹 독자가 (내 기대와는 달리) 상가건물을 소유한 임대인이라면, 무릎을 치며 이렇게 외칠지도 모르겠다.

"세상에! 이런 좋은 방법이 있었다니!"

{ 임대인과 임차인의 평화로운 공존을 위한 첫걸음 }

2013년에 설립된 어린 맘상모는, 벌써 두 번의 「상가건물 임대차보호법」 개정을 주도하였다. 그들의 요구로 2015년엔 권리금 관련 조항이 법률에 삽입되기에 이르렀다. 덕분에 이제 대부분의 상가건물 임차인은 법률에 기초하여 권리금을 보호받는다. '권리금의 법제화' 그것은 「상가건물 임대차보호법」 탄생 이후의 가장 큰 변화였다.

「상가건물 임대차보호법」은 맘상모가 있기 전과 있고 난 후로 구분된다. 나를 비롯한 전국의 수많은 자영업자가 맘상모에게 큰 빚을 졌다. 이 책은 그러한 빚을 갚기 위한 한 채무자의 소박한 노력이다. 진심으로 '널리 읽혔으면 좋겠다'고 생각한 책은 지금까지의 내 책 중에 이것이 유일하다. 이 책의 저자 인세는 모두 맘상모에 전달된다. 지금은 손가락질 받는 그들이지만 결국에 역사는 맘상모를 임차인의 편, 약자의 편, 정의의 편으로 기록할 것이다. 나는 조금의 의심도 없이 그렇게 믿는다.

구본기

잣물주 여러분,

합법적으로 더 많은 수익을 약속할게요

 '갓물주'라는 말 아시지요? 조물주(신)를 뜻하는 영어 단어 'God'에, 건물주(임대인)라는 말을 더한 신조어입니다. 건물주가 신의 반열에 올라섰다는 의미로 널리 쓰이고 있습니다. 여기서 한발 더 나아간 '조물주 위에 건물주'라는 관용어도 요즘은 흔하게 사용되고 있습니다. 이는 비단 어른들의 세계에서만 통용되는 이야기가 아닙니다.

최근 한 언론사의 발표에 의하면, 고등학생이 가장 선망하는 직업 1위가 공무원(22.6%), 2위가 건물주와 임대업자(16.1%)라고 합니다. '안정적이어서(37.5%)', '높은 소득이 보장되기 때문(28.5%)'이라고 합니다(공무원·건물주가 '꿈' 청소년들의 현주소, JTBC 뉴스, 2016.02.29.). 대한민국에서 건물주로 살아간다는 것이 무엇을 뜻하는지를 청소년들도 잘 알고

있는 것이지요. 오늘날 건물주의 위용은 상상 그 이상입니다.

이 책은 그런 건물주, 그중에서도 상가건물을 소유하고 있는 여러분을 위해 쓰였습니다. 저는 본문을 통해 상가건물 주인인 여러분이 「상가건물 임대차보호법」의 허점을 십분 활용, 임차인을 '적법하게' 내쫓을 수 있도록 돕고자 합니다.

"호랑이에게 날개를! 임대인에겐 더 많은 수익을!"
"임차인의 것을 임대인에게로!"
"합법인데 뭐 어때!"

이것이 바로 이 책을 관통하는 모토입니다.

자, 솔직하게 말해봅시다. 여러분은 왜 건물에 세를 놓습니까? 외계인의 침공으로부터 지구를 지키려고? 세계평화를 위해서? 신종 바이러스의 출현을 대비할 목적으로? 천만의 말씀! '다 돈 때문' 아니겠습니까? 우린 '지금보다 더 많은 돈을 소유해야 한다'는 자본주의의 본령에 입각해 (어쩌면 빚을 얻어) 상가건물을 매입했고, 지금껏 세를 놓고 있는 것입니다.

여러분은 자선 사업가도 아닐뿐더러, 무슨무슨 운동가나 활동가는 더더욱 아닙니다. 굳이 따지자면 여러분은 상가건물 투자를 직업으로 삼는 일종의 직업투자자이며, 사업가입니다(고등학생이 선망하는 '직업' 가운데 건물주가 있다는 사실을 떠올려보세요.). 여러분은 '모든 것 가운데 돈이 최고'라는 자본주의의 교리를 믿고 따릅니다. 여러분에게 명예, 정의, 양심 따위의 조금 멋져 보이는 것들은 돈에 대한 목마름이 해소된 다음에야 겨우 떠오르는, 부차적인 문제일 따름입니다.

만약 저의 주장에 동의할 수 없다면 (딱 지금 여기서!) 책을 덮으셔도 좋습니다. 허나 긍정한다면 (우리 이 책을 함께하는 동안만큼은) 서로의 내숭을 접어두기로 해요.

{ '수취'를 '착취'로 바꾸어 창조경제 이룩하자 }

여러분이 임차인을 내쫓아야 할 이유는 권리금에 있습니다. 상권에 따라 적게는 수천, 많게는 수억 원에까지 이르는 것이 권리금입니다. 많은 전문가들이 권리금을 '바닥 권리금'과 '시설 권리금', '영업 권리금'으로 세분화하고 있습니다만, 그런 구분은 그냥 멋져 보이려고 꾸며낸 것일 뿐 현장에서는 근거와 기준 없이 부르는 게 값인 것이 바로 권리금입니다.

주지하고 있는 것처럼, 일반적으로 권리금은 임차인들 사이의 거래에서 발생됩니다. 특정 점포에 입점하려는 새로운 임차인이, 이전 임차인이 해당 공간에 쌓아놓은 영업적 가치(영업시설 및 인지도, 브랜드 등)를 인정하며 지불하는 비용이 바로 권리금입니다. 임차인A에서 임차인B로, 다시 임차인B에서 임차인C로 이어지는 모양새(임차인A

→ 임차인B → 임차인C → …)를 갖추고 있습니다.

그럼 임대인은 임차인끼리의 권리금 시장에 개입할 수 없느냐? 그건 또 아니죠. 임대인은 텅텅 비어있는 상가라고 해도 자릿세를 명목으로 임차인에게 바닥 권리금을 요구할 수 있습니다. 더 나아가 이전 임차인이 인테리어 등을 멀끔히 해놓고 점포를 비웠다면, 그에 대한 시설 권리금도 추가로 요구할 수 있습니다.

그렇습니다. 코에 걸면 코걸이, 귀에 걸면 귀걸이인 것이 권리금입니다. 어쨌든 작금의 현장에서는 이런 식으로 '임대인과 임차인 사이'에서도 권리금 거래가 이루어지고 있습니다. 요컨대 마음만 먹으면 임대인도 얼마든지 권리금 시장의 플레이어로 활약할 수가 있는 것입니다.

바로 이 사실('임대인도 권리금 시장의 플레이어가 될 수 있다'는 사실)이 여러분께 큰 부를 안겨줄 것입니다. 우린 앞으로 임차인끼리의 권리금 시장에 적극적으로 개입하여, 임차인A가 임차인B에게 마땅히 받아야 할 권리금을 착복할 것입니다. 즉 '임차인A → 임차인B → 임차인C → …'로 흐르는 보통의 권리금 시장에 침투하여, '임차인A → 임대인 → 임차인B → 임대인 → 임차인C → …'의 형태로 바꿀 것입니다. 이런 전환이 어째서 여러분 부의 증식에 주요하게 작용하는지를 알기 쉽게 설명하기 위해 두 개의 그림을 준비했습니다. 먼저 보통의 권리금 시장에서, 권리금이 어떻게 이동하는지를 살필 수 있는 그림부터 보시지요.

〈그림1〉은 임차인들끼리 권리금 거래가 이루어지는 '일반적인 권

리금 시장의 흐름'을 표현한 것입니다(보다 쉬운 설명을 위해 권리금을 5천만 원으로 통일했습니다.). 최초에 임차인A가 다음 임차인B에게 권리금 5천만 원을 받고, 다시 임차인B는 자신 뒤의 임차인C에게 권리금 5천만 원을 받습니다. 그러면 임차인C는 응당 임차인D에게서 권리금 5천만 원을 받겠지요. 임차인C까지의 관계만 놓고 보았을 때 발생된 총이익은 5천만 원입니다. 그리고 그것은 임차인A의 노동소득(노동을 통해 벌어들인 소득)입니다.

만약 이런 방식으로 권리금 떠넘기기를 지속할 수만 있다면, 어떤 임차인도 손해를 입지 않습니다. 그러나 현실에서는 어느 순간에 (장사가 잘 되지 않아) 권리금을 회수하지 못하는 임차인이 반드시 나타납니다. 권리금 주고받기가 '폭탄 돌리기'라 불리는 까닭입니다. 이상 권리금 시장이 돌아가는 기본 메커니즘을 설명했습니다.

〈그림1〉 일반적인 권리금 시장의 흐름

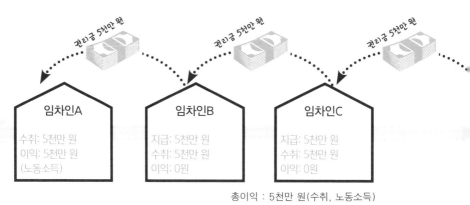

총이익 : 5천만 원(수취, 노동소득)

이제 보다 업그레이드된 작동방식을 살펴보겠습니다.

〈그림2〉는 임대인이 임차인끼리의 일반적 권리금 시장에 침투하여 적극적으로 '재테크' 행위를 벌였을 때 어떤 일이 벌어지는지를 나타낸 것입니다. 그림은 다음과 같이 풀이됩니다. 최초의 임차인A가 임대인과 임대차 계약을 체결합니다.

임차인A는 장사수완이 좋습니다. 덕분에 해당 공간에 권리금 5천만 원이 형성됩니다. 영리한 임대인은 이를 놓치지 않고 「상가건물 임대차보호법」의 허점을 활용, 여러 '적법한 이유'를 들어 임차인A를 내쫓습니다. 그리고 그 빈 공간에 임차인B를 들이며 권리금 5천만

〈그림2〉 임대인(건물주)이 개입된 권리금 시장의 흐름

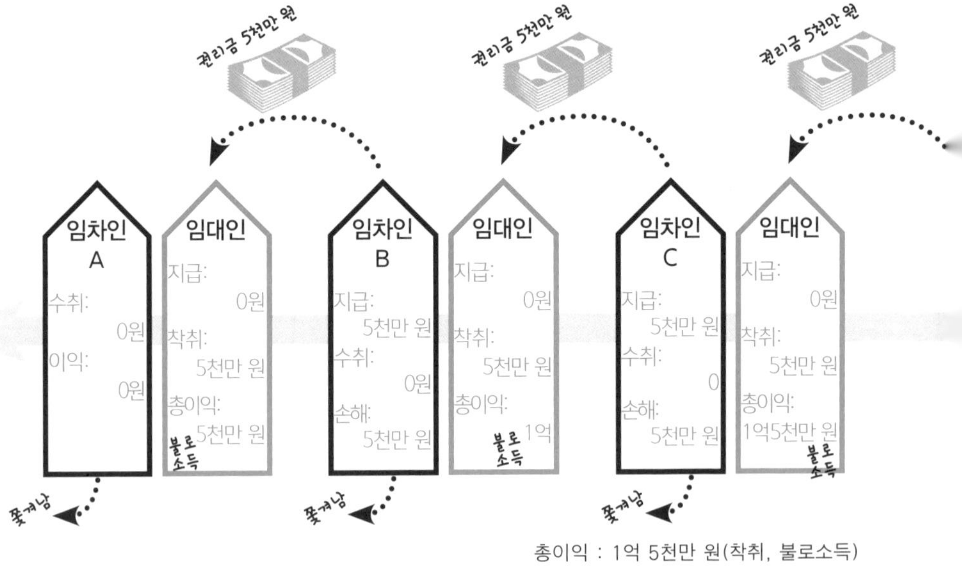
권리금 5천만 원
권리금 5천만 원
권리금 5천만 원
임차인 A
수취: 0원
이익: 0원
임대인
지급: 0원
착취: 5천만 원
총이익: 5천만 원
불로소득
임차인 B
지급: 5천만 원
수취: 0원
손해: 5천만 원
임대인
지급: 0원
착취: 5천만 원
총이익: 1억
불로소득
임차인 C
지급: 5천만 원
수취: 0
손해: 5천만 원
임대인
지급: 0원
착취: 5천만 원
총이익: 1억5천만 원
불로소득
쫓겨남
쫓겨남
쫓겨남
총이익 : 1억 5천만 원(착취, 불로소득)

원을 취합니다.

　이 과정은 다시 반복됩니다. 임대인은 갖은 괴롭힘(하지만 합법적인 괴롭힘)을 통해 임차인B를 내쫓습니다. 그리고 다시 빈 공간에 임차인C를 들이며 권리금 5천만 원을 받아 챙깁니다. 임대인이 이런 방법으로 임차인C를 내쫓고 임차인D까지 들였다고 가정했을 때, 본 과정에서 발생한 총이익은 1억 5천만 원입니다. 그리고 그 전부는 임대인의 불로소득(노동을 하지 않고 벌어들인 소득)으로 귀속됩니다.

　한편, 누군가 이익을 얻었다는 것은 다른 누군가가 손해를 입었다는 것을 의미합니다. 여기서의 손해는 모조리 임차인들이 짊어집니다. 즉 냉정히 말해 〈그림2〉는 '임대인이 자신의 상가건물을 거쳐가는 모든 임차인의 지갑에 빨대를 꽂아 돈을 빨아대는 모습에 다름 아니다'라고 할 수 있겠습니다.

　이상의 두 그림을 비교·정리하자면 이렇습니다. 임대인이 권리금 시장에 개입하면 노동소득은 불로소득으로, 수취受取는 착취搾取로 전환됩니다. 그 과정에서 총이익과 총손해가 급증하고, 이익은 전부 임대인의 것, 손해는 모두 임차인의 것이 됩니다. 해당 과정을 빠르게, 더 많이 반복할수록 여러분께는 좋습니다. 그리고 임대인의 이러한 행위는 현재로서는 전혀 위법하지 않습니다.

{ 권리금을 빼앗는 3가지 방법 }

여러분의 건물에서 장사를 하고 있는 세입자, 즉 임차인의 몫인 권리금을 여러분이 차지하는 방법은 크게 세 가지로 구분할 수 있습니다.

첫째, 말 그대로의 권리금 빼앗기
둘째, 직접 장사해 권리금 빼앗기
셋째, 월세 올려 권리금 빼앗기

우리가 방금 살펴본 것이 첫 번째 방법(말 그대로의 권리금 빼앗기)입니다. "임차인A에게 줄 것을 내게 줘!"라는 식으로 정말 표나게 권리금을 빼앗는 것이지요.

두 번째 방법(직접 장사해 권리금 빼앗기)은 이보다 덜 직접적입니다. 권리금이 아닌 임차인이 가꿔놓은 '공간'을 빼앗습니다. 즉 "내가 장사할 테니 나가주시오!" 하며 그 자리를 차지해버리는 것입니다. 물론 여러분이 직접 장사를 하다가 나중에 다시 세를 놓더라도, 새로운 임차인에게 권리금을 요구할 수 있습니다. 이 또한 첫 번째 방법과 다를 바 없는 권리금 빼앗기지만, 어찌된 일인지 대중은 이를 권리금 약탈로 인식하질 못합니다. '건물주도 장사 좀 하자는데 뭐가 문제야?'라는 식으로 반응을 하지요. 때문에 해당 방법은 주위 시선을 신경 써야 하는 위치에 있는 임대인(가령 연예인)이 쓰기에 좋습니다. 아! 어쩌면 권리금 빼앗기가 사회적 문제로까지 대두되어 임대인이 권리금을 받지 못하게끔 법률이 개정될 수도 있습니다. 하지만 이 방법을 조금만 응용하면 그때도 지금처럼 임차인의 권리금을 빼앗을 수 있습니다. 이른바 '바지 사장'을 새로운 임차인으로 들이면 됩니다.

마지막 방법(월세 올려 권리금 빼앗기)은 새로운 임차인에게 권리금을 받지 않습니다. 대신에 월세를 이전 임대차 계약보다 엄청나게 올려 받아 포기한 권리금만큼을 오른 월세로 채웁니다. 권리금이 비싸 세가 잘 나가지 않을 때 쓰면 좋습니다.

{ 만만하고 허접한 법 따위! }

일반인의 상식과는 달리, 권리금 관행은 이미 법률로 인정받고 있습니다. 현행 「상가건물 임대차보호법」은 '권리금 계약'을 다음의 말로 정의합니다.

> "권리금 계약이란 신규 임차인이 되려는 자가 임차인에게 권리금을 지급하기로 하는 계약을 말한다."
>
> _「상가건물 임대차보호법」 제10조의3 제2항

그리고 여러 조항(제10조의4 제1항부터 제5항까지)을 통해 임차인의 권리금 회수기회를 보호하는 장치도 마련해두고 있습니다. 하지만 그럼에도 감히 저는 "합법적으로 임차인의 권리금을 빼앗자!"고 말합니다. 그만큼이나 지금의 「상가건물 임대차보호법」이 '만만'하고 '허접'한 것이지요.

「상가건물 임대차보호법」이 그 이름과는 달리 임차인을 전혀 보호하고 있질 못한다는 사실은 저를 비롯한 다른 부동산 전문가들 모두가 인정하고 있는 사실입니다. 이에 대해서는 어떠한 이견도 보이질 않습니다. 여러분은 곧 그 사실을 분명한 텍스트로 확인할 수 있을 겁니다.

본문은 총 3부로 구성되어 있습니다.

○ 1부에서는 「상가건물 임대차보호법」의 가장 기본적인 허점 두 가지를 살펴봅니다. 임차인 입장에서 보면 허점이지만 임대인 여러분 입장에서 보자면 이는 사실 자산가치를 늘려줄 화수분 같은 것이기도 합니다.

○ 2부에서는 임차인을 내쫓는 여러 가지 방법을 배웁니다.

○ 3부에서는 권리금 빼앗는 방법을 학습합니다.

임차인을 내쫓는 방법과 권리금을 빼앗는 방법이 많이 다르냐고요? 개념은 크게 다르지 않으나 현행 「상가건물 임대차보호법」에 권리금 회수기회 보호조항이 있어서 '임차인 내쫓기'와 '권리금 빼앗기'

를 따로 다루어야 해서 2부와 3부로 나누어 설명하는 것입니다.

자, 그럼 이제 실전으로 들어가 봅시다.

일러두기

이 책의 본문은 다음의 구성을 반복합니다.

1　합법적으로 임차인을 내쫓는 방법

2　상가건물 임대차 피해예방을 위한 행동요령

3　상가 임대차법, 이렇게 개정되면 어때요?

「상가건물 임대차보호법」의 약칭

　　임대인을 위해 일하는 컨설턴트로 분한 저의 코멘트가 각 꼭지의 처음을 열고, 그 뒤에 임차인을 위해 활동하는 원래의 제가 해당 꼭지와 관련된 '상가건물 임대차 피해예방을 위한 행동요령'을 제공합니다. 마지막으로 현행 「상가건물 임대차보호법」의 허점을 보완하기 위해 발의된 맘상모법은 과연 어떠한가를 설명합니다.

　　「상가건물 임대차보호법」의 허점을 알리는 것은 물론이거니와 현 상황에서 임차상인이 취할 수 있는 나름의 상가건물 임대차 피해예방책, 그리고 맘상모법이 시행되면 임차상인들이 어떤 이점을 누릴 수 있는지를 한데 묶어서 전달하기 위해 이렇게 구성했습니다.

그러나 이제 곧 본문을 읽어보면 알겠지만, 다수의 꼭지에서 '상가건물 임대차 피해예방을 위한 행동요령'이 빠져 있습니다(사실 행동요령이라고 제시한 것도 딱히 야무지지가 않습니다.). 해당 「상가건물 임대차보호법」의 허점에는 정말 별다른 예방할 만한 행동요령이 없어서 그냥 넘긴 것인데요, 따지고 보면 이는 아주 당연한 결과입니다.

왜냐하면 「상가건물 임대차보호법」의 모든 허점에 대응하는 각각의 (야무진) 행동요령이 있었다면, 굳이 맘상모법이 발의될 필요가 없었을 테니까요. 그러니까 지금의 「상가건물 임대차보호법」의 허점을 보완할 수 있는 방법은, 어설픈 행동요령이 아닌 오직 피해의 원인을 제거하는 법률의 개정뿐인 것입니다.

반면, 맘상모법은 「상가건물 임대차보호법」의 허점 거의 전부에 대해 보완책을 내놓고 있습니다. 그들이 그동안 얼마나 많은 피해사례를 수집했는지, 또 얼마나 깊은 고민을 해왔는지를 엿볼 수 있는 대목이 아닐 수 없습니다.

어쨌든, 몇몇 꼭지에서 '상가건물 임대차 피해예방을 위한 행동요령'과 '맘상모법에 대한 설명'이 빠진 것은 저의 실수가 아님을 미리 밝혀둡니다.

임대차 분쟁을 조장하는 듯한

1부

잘못된 전제 두 가지

상권이 좋을수록 건물주에게 유리한

환산보증금

 임차인을 합법적으로 내쫓는 방법에 관한 이야기를 나누기 전에, 건물주 여러분은 「상가건물 임대차보호법」이 규정하는 환산보증금이 무엇인지를 알아야 합니다. 환산보증금이란, 월세에 100을 곱한 금액에 보증금을 더한 금액을 말합니다. 식으로 표현하면 다음과 같습니다.

환산보증금 = 보증금 + (월세 × 100)

애초에 「상가건물 임대차보호법」은 '영세상인만 보호한다'는 취지 아래 환산보증금이 일정 금액을 초과하는 임차인은 일절 보호하질 않았습니다. 하지만 대중의 인식이 변화함에 따라 법률이 개정되어

몇 가지 조항에 대해서는 환산보증금이 초과된 임차인도 그 적용을 받게 되었지요. 그 탓에 여러분은 이제부터 "환산보증금을 초과하는 임차인은 이렇고요, 그렇지 않은 임차인은 저렇습니다."라는 조금 헷 갈리는 설명을 들으셔야 합니다.

어쨌든 환산보증금이 아래의 금액을 초과하는 임차인이 바로 '환 산보증금 초과 임차인'입니다(「상가건물 임대차보호법」 제2조 제1항, 「상가건물 임대차 보호법 시행령」 제2조 제1항 제1호, 제2호, 제3호, 제4호).

○ 서울특별시 : 4억 원

○ 「수도권정비계획법」에 따른 과밀억제권역(서울특별시는 제외)◆ : 3억 원

○ 광역시(「수도권정비계획법」에 따른 과밀억제권역에 포함된 지역과 군지역은 제 외), 안산시, 용인시, 김포시 및 광주시 : 2억 4천만 원

○ 그 밖의 지역 : 1억 8천만 원

> ◆인천광역시(강화군, 옹진군, 서구 대복동·불노동·마전동·금곡동·오 류동·왕길동·당하동·원당공, 인천경제자유구역 및 남동 국가산업단지는 제외), 경기도 중 의정부시, 구리시, 남양주시(호평동, 평내동, 금곡동, 일패동, 이패동, 삼 패동, 가운동, 수석동, 지금동, 도농동만 해당), 하남시, 고양시, 수원시, 성남시, 안 양시, 부천시, 광명시, 과천시, 의왕시, 군포시, 시흥시[반원특수지역(반원특수지역 에서 해제된 지역 포함) 제외]

가게 환산보증금이 위의 금액을 초과하는 임차인은 「상가건물 임 대차보호법」의 보호를 거의 받질 못합니다. 「상가건물 임대차보호법」

이 임차인에게 행하는 이러한 차별은, 여러분에게는 다음과 같은 기회의 목소리로 다가섭니다.

"아하~ 번화가에 위치한 상가건물일수록
보증금과 월세가 높을 테니
임차인을 내쫓기가 더욱 수월하겠구나!"

실제 2015년 서울시에서 조사한 발표에 따르면 명동, 강남대로, 청담 등 유동인구가 풍부한 상위 5개 상권의 평균 환산보증금은 7억 9738만 원이라고 합니다(《2015년 서울시 상가임대정보 및 권리금 실태조사》 참고). 즉 중심 상권에 상가건물을 소유한 임대인(임대인 중에서도 정말 돈이 많은 임대인이겠지요?)은 「상가건물 임대차보호법」에 별다른 구속을 받지 않은 채 임차인에게 무소불위의 권력을 휘두를 수 있다는 것이지요.

「상가건물 임대차보호법」, 알고 보면 매우 자본친화적인, 진짜 부자를 위한 법률이지 않나요?

지금의 「상가건물 임대차보호법」은
환산보증금을 초과하는 임차인과
그렇지 아니한 임차인을 차별적으로 보호하고 있으므로,
임차인 스스로 자신이 환산보증금 내의 임차인인지,
그렇지 아니한 임차인인지를 반드시 알고 있어야 합니다.

· · ·

당신은 환산보증금 내의 임차인인가요? 환산보증금 초과 임차인인가요?

계산식 : 환산보증금 = 보증금 + (월세 × 100)

- 점포가 위치한 상권
- 점포 보증금
- 점포 월세
- 환산보증금

보증금 및 월세 규모에 상관없이, 모든 임차인이 차별 없이 「상가건물 임대차보호법」의 보호를 받을 수 있도록 '환산보증금'의 개념을 삭제했습니다.

현행법	개정안
제2조(적용범위) ① 이 법은 상가건물(제3조 제1항에 따른 사업자등록의 대상이 되는 건물을 말한다)의 임대차(임대차 목적물의 주된 부분을 영업용으로 사용하는 경우를 포함한다)에 대하여 적용한다. 다만, 대통령령으로 정하는 보증금액을 초과하는 임대차에 대하여는 그러하지 아니하다.	**제2조(적용범위)** ① 이 법은 상가건물(제3조 제1항에 따른 사업자등록의 대상이 되는 건물을 말한다)의 임대차(임대차 목적물의 주된 부분을 영업용으로 사용하는 경우를 포함한다)에 대하여 적용한다.
② 제1항 단서에 따른 보증금액을 정할 때에는 해당 지역의 경제 여건 및 임대차 목적물의 규모 등을 고려하여 지역별로 구분하여 규정하되, 보증금 외에 차임이 있는 경우에는 그 차임액에 「은행법」에 따른 은행의 대출금리 등을 고려하여 대통령령으로 정하는 비율을 곱하여 환산한 금액을 포함하여야 한다.	
③ 제1항 단서에도 불구하고 제3조, 제10조 제1항, 제2항, 제3항 본문, 제10조의2부터 제10조의8까지의 규정 및 제19조는 제1항 단서에 따른 보증금액을 초과하는 임대차에 대하여도 적용한다.	

싸울 때 말려줄 조정자는 어디에?

분쟁조정위원회의 부재

　　　　　　　　　　좀 뻔한 이야기를 해볼까 합니다. 어느 특정한 곳에서 크고 작은 다툼이 일상적으로 발생한다면 또는 그러할 우려가 있다면, 합리적인 우리는 반드시 그곳에 효율·공정·신속을 추구하는 중재기구를 두어 그 분쟁들로 말미암은 사회경제적 비용 및 피해를 줄이려고 노력하지 않을까요?

　이러한 당연한 사고의 발로로 만들어진 것이 바로 각종 법률에 기초한 분쟁조정위원회입니다. 네이버에 '분쟁조정위원회'라고 입력해보세요. 바로 검색되는 분쟁조정위원회만 해도 이렇게 많습니다.

　○ 중앙환경 분쟁조정위원회(http://ecc.me.go.kr)
　○ 하자심사 분쟁조정위원회(http://www.adc.go.kr)

- 인터넷주소 분쟁조정위원회(https://www.idrc.or.kr)
- 사학 분쟁조정위원회(http://psdr.moe.go.kr)
- 콘텐츠 분쟁조정위원회(http://www.kcdrc.kr)
- 건강보험 분쟁조정위원회(http://hisimpan.mohw.go.kr)
- 개인정보 분쟁조정위원회(http://privacy.kisa.or.kr)
- 산업기술 분쟁조정위원회(http://www.is-med.or.kr)
- 전자문서·전자거래 분쟁조정위원회(http://ecmc.or.kr)

모두 각각의 법률에 의해 설립의 근거가 조문으로 존재하는 분쟁조정위원회들입니다.♦ 아마 이 책을 보는 여러분 중에는 '저런 분쟁조정위원회도 있어?' 하는 생각이 드는 곳도 있을 겁니다.

> ♦순서에 따라 각각 다음의 법률에 근거합니다. 「환경분쟁조정법」, 「주택법」, 「인터넷주소 자원에 관한 법률」, 「사립학교법」, 「콘텐츠산업 진흥법」, 「국민건강보험법」, 「개인정보보호법」, 「산업기술의 유출방지 및 보호에 관한 법률」, 「전자문서 및 전자거래 기본법」

이제 이상한 이야기를 해보겠습니다. 어째서 네이버는 국민 모두와 관련된 주택 및 상가건물 임대차와 관련된 분쟁조정위원회는 검색해주지 않는 걸까요? 단순합니다. 지금 그런 기관이 '없어서'입니다.

몇몇 지자체에서 운영하는 곳이 있기는 하지만, 분쟁을 조정함에 있어 어떠한 강제력도 없기에 실제로는 있으나 마나 하여 '없다'라고 표현하였습니다. 분쟁조정위원회의 결정에 법적 구속력이 있느냐 없느냐의 문제는 매우 중요합니다. 분쟁조정위원회의 결정에 구속력이 없다는 것은, 결국 그 결정은 권고사항에 다름 아니므로 그냥 무시

해도 상관 없다는 뜻이기 때문이지요.

건물주와 세입자, 즉 임대인과 임차인 사이의 갈등과 그로 인한 사회적 비용 및 피해의 상처가 곪아 터진 지는 이미 오래되었습니다. 그런데 아직 임대차보호법에는 임대인과 임차인 간의 갈등을 원만히 중재하기 위해 '어떤 기구'를 두어야 한다는 내용이 전혀 없습니다. 이상하지 않나요? 이 '이상한 사실'을 염두에 둔 채로 위에 예시한 수많은 분쟁조정위원회의 이름을 보노라면, 임대차 관련 법률은 그냥 '방치되었구나'라는 느낌마저 듭니다.

이러한 현실은 임차인에게는 불행, 여러분에게는 행운으로 다가옵니다. 왜냐하면 (구속력 있는) 임대차 분쟁조정위원회가 없는 까닭에 임대인과 임차인 간의 분쟁은 늘 숨 돌릴 틈 없이 법정 다툼으로까지 치닫거든요. 이러한 '야만'은 하루 벌어 하루 먹고 사는 영세한 자영업자(임차인)에게는 엄청난 부담으로 작용합니다.

그들이 과연 법정에 서본 적이 단 한 번이라도 있을까요? 여러분 휴대전화에 적어도 한 명 이상씩 저장되어 있을, 그 흔하디흔한 변호사 전화번호도 그들에겐 없을 겁니다.

보통의 임차인에게 법정 다툼이란, 피하고 싶은 귀신 또는 전염병에 다름 아닙니다. 실제로 저는 임대인과의 소송이 부담스러워 충분히 이길 수 있는 싸움임에도 **"항복!"**을 선언하고 순순히 점포를 비우는 임차인을 수도 없이 많이 보아왔습니다.

그들은 권리금을 빼앗긴 후 주위 사람들에게,

"똥이 무서워서 피하냐? 더러워서 피하지!"
"나까지 똑같은 놈이 되기 싫었어요."

따위의 마음에도 없는 말을 해가며 초라하게 슬픔을 자위합니다 (이건 재산을 약탈당한 사람이 할 소리는 아니지 않나요?).

이처럼 거의 모든 임차인이 '학습된 무기력 상태'에 놓여 있습니다. 오랜 기간 남의 건물에 세들어 살면서 임대인에게 '갑질'당하는 법, 패배하는 법을 꾸준하게 학습했으니까요. 그들은 임대인과 싸우기에 앞서 질 생각부터 합니다. 이것이 바로 임차인은 절대로 여러분의 상대가 될 수 없는 이유입니다.

여러분의 임차인도 이와 크게 다르지 않을 겁니다.

임차인이 법률을 잘 모른다는 사실을 악용하여,
위법한 방법으로 임차인을 괴롭히는
악덕 임대인이 종종 있습니다.
하여 임차상인 여러분께서는 임대인의 각종 요구에
순순히 응하기에 앞서
임대인의 요구가 과연 적법한지,
손해를 감수하면서까지 그 말에 따라야 하는지를
따져볼 필요가 있습니다.
아래는 이와 관련하여 임차상인 여러분께
무료 상담 서비스 등을 제공하는
단체 및 기관들의 연락처입니다.

서울시상가임대차상담센터 02-2133-1211, 02-2133-1212
맘상모 http://cafe.daum.net/mamsangmo
대한법률구조공단 www.klac.or.kr, (국번없이) 132

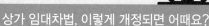
임대인과 임차인 간의 분쟁이 곧장 '소송'으로 이어지지 않도록 특별시·광역시·도 또는 특별자치도에 '법적 구속력을 갖춘 상가임대차분쟁조정위원회'를 설치하도록 하였습니다.

현행법	개정안
(없음)	**제14조의2(상가임대차분쟁조정위원회)** ① 상가임대차에 관한 분쟁을 조정·해결하기 위하여 특별시·광역시·도 또는 특별자치도에 상가임대차분쟁조정위원회(이하 "조정위원회"라 한다)를 둔다. 이 경우 필요할 때에는 대통령령으로 정하는 바에 따라 특별시·광역시·도 또는 특별자치도 안에 지구별 조정위원회를 둘 수 있다. ② 조정위원회는 위원장 1명을 포함한 5명 이상 15명 이하의 위원으로 구성한다. ③ 조정위원회의 위원장은 해당 지방자치단체의 부단체장으로 한다. ④ 조정위원회의 위원은 다음 각 호의 어느 하나에 해당하는 자 중에서 해당 지방자치단체의 장이 위촉한다. 1. 법학·경제학 또는 부동산학 등을 전공하고 상가임대차 관련 전문지식을 갖춘 사람으로서 공인된 연구기관에서 조교수 이상 또는 이에 상당하는 직에 5년 이상 재직한 사람 2. 변호사·감정평가사·공인회계사·법무사

상가 임대차법, 이렇게 개정되면 어때요?

현행법	개정안
	또는 공인중개사로서 5년 이상 해당 분야에서 종사하고 상가임대차 관련 업무경험이 풍부한 사람 3. 사회복지법인을 포함한 비영리법인에서 소비자보호활동 및 상가임대차문제의 상담에 3년 이상 종사한 경력이 있는 사람 4. 그 밖에 상가임대차 관련 학식과 경험이 풍부한 사람으로서 대통령령으로 정하는 사람 ⑤ 조정위원회의 결정은 재적위원 과반수의 출석과 출석위원 과반수의 찬성으로 결정한다. ⑥ 조정위원회의 운영을 지원하기 위하여 조정위원회에 간사를 둘 수 있다.
(없음)	**제14조의3(분쟁조정의 신청 및 조정기간)** ① 임대인 또는 임차인은 조정위원회에 상가임대차와 관련한 분쟁의 조정을 신청할 수 있다. ② 조정위원회는 제1항에 따라 분쟁조정을 신청 받은 경우에 대통령령으로 정하는 바에 따라 지체 없이 분쟁조정절차를 개시하여야 한다. ③ 조정위원회는 제1항에 따라 분쟁조정을 신청 받은 경우에 그 신청을 받은 날부터 30일 이내에 그 분쟁조정을 마쳐야 한다. ④ 조정위원회는 제3항에도 불구하고 부득이한 사정으로 30일 이내에 그 분쟁조정을 마칠 수 없는 경우에 그 기간을 연장할

현행법	개정안
	수 있다. 이 경우 그 사유와 기한을 명시하여 당사자에게 통지하여야 한다.
(없음)	**제14조의4(분쟁조정의 효력 등)** ① 조정위원회의 위원장은 제14조의3에 따라 분쟁조정을 마친 경우에 지체 없이 당사자에게 그 분쟁조정의 내용을 통지하여야 한다. ② 제1항에 따른 통지를 받은 당사자는 그 통지를 받은 날부터 15일 이내에 분쟁조정의 내용에 대한 수락 여부를 조정위원회에 통보하여야 한다. 이 경우 15일 이내에 의사표시가 없을 때에는 수락한 것으로 본다. ③ 제2항에 따라 당사자가 분쟁조정의 내용을 수락하거나 수락한 것으로 보는 경우 조정위원회는 조정조서를 작성하고, 조정위원회의 위원장 및 각 당사자가 기명·날인하여야 한다. 다만, 수락한 것으로 보는 경우에는 각 당사자의 기명·날인을 생략할 수 있다. ④ 제3항에 따라 조정조서를 작성한 경우에는 당사자 간에 그 서면과 동일한 내용의 합의가 성립된 것으로 본다.
(없음)	**제14조의5(위임규정)** 조정위원회의 운영·구성 및 분쟁조정에 필요한 사항은 대통령령으로 정한다.

합법적으로
임차인을
내쫓는 방법
이라 쓰고

상가건물 임대차 보호법의 허점

이라 읽는다

5년 장사한 임차인 내쫓기

상가건물 임차인은 5년짜리 비정규직

 점포 계약 시 보통은 2년 계약을 하고, 그 뒤 그 계약을 계속 갱신해나가는 것이 일반적인 상가건물 임대차의 모습입니다. 「상가건물 임대차보호법」은 그러한 임대차의 갱신을 최대 5년까지 보장해주고 있습니다(「상가건물 임대차보호법」 제10조 제1항, 제2항).

제10조(계약갱신요구 등)

① 임대인은 임차인이 임대차 기간이 만료되기 6개월 전부터 1개월 전까지 사이에 계약갱신을 요구할 경우 정당한 사유 없이 거절하지 못한다. (…)

② 임차인의 계약갱신요구권은 최초의 임대차 기간을 포함한 전체 임대차 기간이 5년을 초과하지 아니하는 범위에서만 행사할 수 있다.

이를 바꿔 말하면, 건물주인 여러분은 임대차 계약 후 5년이 초과한 임차인의 계약갱신요구는 받아들이지 않아도 된다는 것입니다. 누구 할 것 없이 불경기라고 하는 판국에 5년이나 버틴 가게입니다. 장사가 잘 되는 가게임에 틀림 없겠지요? 권리금이 상당할 겁니다. 무조건 내쫓아야 합니다.

그들에게 말하세요.

"5년이 지났으니 다음 계약갱신은 하지 않겠습니다. 가게를 비워주세요!"

{ 환산보증금 이내의 임차인을 내쫓을 때 }

다만 환산보증금 이내의 임차인을 대할 경우에는 주의해야 할 점이 있습니다. 「상가건물 임대차보호법」 제10조 제4항에 따르면, 임대인이 임대차 기간이 만료되기 6개월 전부터 1개월 전까지의 사이에 임차인에게 갱신거절의 통지를 하지 않으면 그 계약은 자동으로 갱신이 됩니다.

이 경우에 갱신된 임대차의 존속기간은 1년으로 봅니다(세칭 '묵시의 갱신'이라고 불리는 아주 유명한 임차인 보호장치입니다.). 그러니 임대차 계약을 한 지 5년이 초과되었다는 이유로 내쫓으려는 환산보증금 이내의 임차인을 세입자로 둔 임대인께서는, 꼭 임대차 계약이 끝나기 6개월 전부터 1개월 전 사이에 임차인에게 임대차 종료 의사를 밝히도록 하세요.

문자 메시지 등으로 증거를 남겨 놓으면 혹시 모를 분쟁에 대비할 수 있어 더욱 좋습니다.

임차상인이 임차인으로서의 의무를 저버리지 않는 한, 기한 없이 계약갱신 요구권을 행사할 수 있도록 "계약갱신요구권은 최초의 임대차 기간을 포함한 전체 임대차기간의 5년을 초과하지 아니하는 범위에서만 행사할 수 있다."라는 제10조 제2항을 삭제했습니다.

현행법	개정안
② 임차인의 계약갱신요구권은 최초의 임대차기간을 포함한 전체 임대차기간이 5년을 초과하지 아니하는 범위에서만 행사할 수 있다.	(없음)

환산보증금 초과 임차인 내쫓기

갱신 요청을 하지 않은 자, 모두 나가!

  환산보증금 초과 임차인의 경우, 5년이 지나지 않더라도 내쫓을 수 있는 방법이 두 가지 있습니다. 우선 첫 번째 방법부터 알려드리지요.

앞서 우리는 「상가건물 임대차보호법」 제10조 제4항을 공부했습니다.

제10조(계약갱신요구 등)

④ 임대인이 제1항의 기간 이내에 임차인에게 갱신 거절의 통지 또는 조건 변경의 통지를 하지 아니한 경우에는 그 기간이 만료된 때에 전 임대차와 동일한 조건으로 다시 임대차한 것으로 본다.

그런데 흥미롭게도 이 조항은 환산보증금을 초과하는 임차인에게는 적용이 되질 않습니다.

하여 환산보증금 초과 임차인은 "임대인은 임차인이 임대차 기간이 만료되기 6개월 전부터 1개월 전까지 사이에 계약갱신을 요구할 경우 정당한 사유 없이 거절하지 못한다."는 제10조 제1항에만 기대어 계약을 갱신해야 합니다. 그러나 장사하기에 바쁜 대부분의 임차인이 이러한 사실을 알리가 만무하지요.

다시 말해 환산보증금 초과 임차인이 계속해서 자신의 가게에서 장사를 하려면, 임대차 기간이 만료되기 6개월 전부터 1개월 전까지의 사이에 임대인에게 전화를 걸어 이렇게 말을 해야 하는 것입니다.

"임대인님, 저는 앞으로도 여기서 계속 장사를 해야겠습니다."

물론 이는 현장에서는 절대 있을 수가 없는 일입니다. 보통의 임차인은 임대인과 최대한으로 거리를 두려 하거든요. '임대인과 마주쳤다가 월세 올려달라는 말을 들으면 어쩌지?' 하고 노심초사하는 것이 대부분 임차인의 속사정 아니겠습니까.

한번 생각해보세요. 아마 여러분 건물에 세 들어 장사하는 임차인 또한 임대차 기간이 만료되기 6개월 전부터 1개월 전 사이에 전화를 걸어 "계약을 갱신하겠다."고 요구하지는 않았을 겁니다.

그러니 여러분은 여러분 건물에서 장사하는 임차인이 환산보증금 초과 임차인이고, 그가 임대차 계약갱신을 요구하지 않았다면, 임대차 계약의 종료와 함께 내쫓을 수 있습니다. 다만 한 가지 주의할 점이 있는데요. 「민법」제639조에 의한 '묵시의 갱신'이 적용될 수 있는 바, 임대차 계약이 종료되는 시점에서 가까운 시일 내에 내쫓아야 한다는 것입니다.

쉽게 말해 여러분이 나가라는 말을 하지 않아 임차인이 임대차 기간이 만료한 후에도 상당한 기간 계속 장사를 하고 있다면 「민법」의 묵시의 갱신 성립요건이 충족되어 자동으로 계약이 갱신이 이루어지기 때문에 주의하자는 것입니다.

민법에 의해 갱신된 계약은 「상가건물 임대차보호법」에 의한 묵시의 갱신처럼 '전 임대차와 동일한 조건'으로 임대차 계약을 다시 체결한 것으로 봅니다(「민법」 제639조 제1항). 「상가건물 임대차보호법」과 다를 바 없지요? 헌데 다음 부분에서 좀 차이가 납니다.

제635조(기간의 약정없는 임대차의 해지통고)

① 임대차기간의 약정이 없는 때에는 당사자는 언제든지 계약해지의 통고를 할 수 있다.

② 상대방이 전항의 통고를 받은 날로부터 다음 각호의 기간이 경과하면 해지의 효력이 생긴다.

1. 토지, 건물 기타 공작물에 대하여는 임대인이 해지를 통고한 경우에는 6월, 임차인이 해지를 통고한 경우에는 1월

「민법」의 묵시의 갱신의 경우, 임대인과 임차인은 서로 언제든지 계약의 해지를 상대방에게 통보할 수 있습니다. 임대인이 해지를 통보한 경우에는 6월, 임차인이 해지를 통보한 경우에는 1월의 기간이

지나면 해지의 효력이 생깁니다.◆

즉 지금 여러분이 「민법」의 묵시의 갱신에 해당하는 임차인에게 "나가!"라고 한다면, 그 임차인은 별 수 없이 6개월 뒤에 가게를 비워줘야만 하는 것입니다(최초 계약일로부터 얼마가 되었든, 그 기간은 상관없습니다.). 최대 5년까지 보장되는 임차인의 갱신요구 권리를 **"나가!"**라는 말 하나로 간단히 끊을 수 있는 것이지요.

자, 이상의 설명에 해당하는 임차인을 둔 분이 계신가요?

기회가 찾아왔습니다. 어서 임차인을 내쫓으세요!

◆「상가건물 임대차보호법」의 경우에는 갱신 기간 내에 임차인만 계약의 해지를 통보할 수 있습니다. 그러니까 임대인은 싫건 좋건 간에 임차인이 정해주는 '1년 이내의 추가 계약기간'을 받아들여야 하는 거지요.
해지의 효력은 임대인이 해지 통고를 받은 날로부터 3개월이 지나면 발생합니다.

관련 법규
「상가건물 임대차보호법」 제10조 제5항

환상보증금 초과 임차인의 경우,
계약이 만료되기 6개월 전부터 1개월 전까지 사이에
임대인에게 꼭 "계약 갱신을 원합니다."라는
메시지를 전해야 합니다.

한편, 임대인이 나중에 "증거 있냐?"고 나올
가능성이 있으므로 계약갱신을 요구한 사실을
증거할 수 있도록 문자나 메일로 흔적을 남겨놓아야 합니다.

· · ·

임대인에게 점포의 계약갱신을 요구해야 하는 시기는 언제
인가요?

• 점포 계약만료일 :　　　　　　년　　　　　월　　　　　일

• 계약갱신을 요구해야 하는 시기
　- 계약만료 6개월 전 :　　　　년　　　　월　　　　일부터
　- 계약만료 1개월 전 :　　　　년　　　　월　　　　일까지

환산보증금 개념을 삭제했기 때문에, 임대차 기간이 만료되기 6개월 전부터 1개월 전까지 사이에 임대인에게 연락해 계약갱신을 요구하지 않아도 (임대차 기간이 만료되기 6개월 전부터 1개월 전까지) 서로 간에 아무런 '액션'이 없으면 자동으로 묵시의 갱신이 성립합니다.

현행법	개정안
제2조(적용범위) ① 이 법은 상가건물(제3조 제1항에 따른 사업자등록의 대상이 되는 건물을 말한다)의 임대차(임대차 목적물의 주된 부분을 영업용으로 사용하는 경우를 포함한다)에 대하여 적용한다. 다만, 대통령령으로 정하는 보증금액을 초과하는 임대차에 대하여는 그러하지 아니하다.	**제2조(적용범위)** ① 이 법은 상가건물(제3조 제1항에 따른 사업자등록의 대상이 되는 건물을 말한다)의 임대차(임대차 목적물의 주된 부분을 영업용으로 사용하는 경우를 포함한다)에 대하여 적용한다.
② 제1항 단서에 따른 보증금액을 정할 때에는 해당 지역의 경제 여건 및 임대차 목적물의 규모 등을 고려하여 지역별로 구분하여 규정하되, 보증금 외에 차임이 있는 경우에는 그 차임액에 「은행법」에 따른 은행의 대출금리 등을 고려하여 대통령령으로 정하는 비율을 곱하여 환산한 금액을 포함하여야 한다.	
③ 제1항 단서에도 불구하고 제3조, 제10조 제1항, 제2항, 제3항 본문, 제10조의2부터 제10조의8까지의 규정 및 제19조는 제1항 단서에 따른 보증금액을 초과하는 임대차에 대하여도 적용한다.	

월세 폭탄으로 환산보증금 초과 임차인 내쫓기

다음달부터 월세를 열 배 올리겠어요!

 법률이 허락하는 한 매번, 그리고 최대한
으로 올려 받고픈 것이 보통 임대인의 입장인데요, 아쉽게도 현행
「상가건물 임대차보호법」은 환산보증금 이내 임대차의 월세 증액은
9%를 초과해선 안 된다고 규정하고 있습니다(사실 물가상승률 따위에
비교하자면 9%도 꽤나 큰 금액입니다.)(「상가건물 임대차보호법」 10조의2, 제11조 제1항,
제2항, 「상가건물 임대차보호법 시행령」 제4조).

하지만 이를 바꿔 접근하면, 결국 환산보증금 초과 임대차의 경
우에는 월세를 9%보다 훨씬 높게 올려 받아도 된다는 말이 됩니다.
그러니 여러분은 이러한 법률의 빈틈을 십분 활용하여 임차인을 내
쫓으면 됩니다. 환산보증금 초과 임차인에게 가서 이렇게 말하세요.

"계약을 갱신하고 싶다고요?
그럼 월세를 두 배, 아니 열 배 올립시다!"

임차인이 오른 월세를 감당할 수 없어 장사를 접고 떠나면 계획대로 된 것이니 "땡큐!"한 것이고, 설령 오른 월세를 수용하더라도 결국엔 월세를 통해 권리금을 착취하는 효과가 있으니 여러분에게는 전혀 나쁠 것이 없습니다.

물론 임차인에게 무턱대고 월세를 두 배, 세 배 또는 열 배로 올리겠다고 하면 "그런 법이 어디 있냐."며 저항이 일 것입니다. 하지만 그때에도 여러분은 당황하지 말고 다음과 같이 응수하시면 됩니다.

"그런데 지금 법이 그래도 돼요."

역시 환산보증금 개념을 삭제했기 때문에, 임대인이 마음껏 월세를 올릴 수가 없습니다. 한편 현재 9%인 월세 상한기준(대통령령으로 정하는 기준)은 "「통계법」 제3조에 따라 통계청장이 고시하는 전년도 전국소비자물가변동률의 2배의 범위에서 특별시·광역시·도·특별자치도의 조례로" 정하도록 하였습니다. 2015년 전국소비자물가변동률은 0.7%입니다. 그 두 배는 1.4%이니 이를 기준으로 하면, 임대인은 '1.4% 범위에서 특별시·광역시·도·특별자치도의 조례로 정한 월세 상한 기준'을 초과하여 월세를 올릴 수 없게 됩니다.

현행법	개정안
제2조(적용범위) ① 이 법은 상가건물(제3조 제1항에 따른 사업자등록의 대상이 되는 건물을 말한다)의 임대차(임대차 목적물의 주된 부분을 영업용으로 사용하는 경우를 포함한다)에 대하여 적용한다. <del>다만, 대통령령으로 정하는 보증금액을 초과하는 임대차에 대하여는 그러하지 아니하다.</del>	**제2조(적용범위)** ① 이 법은 상가건물(제3조 제1항에 따른 사업자등록의 대상이 되는 건물을 말한다)의 임대차(임대차 목적물의 주된 부분을 영업용으로 사용하는 경우를 포함한다)에 대하여 적용한다.
<del>② 제1항 단서에 따른 보증금액을 정할 때에는 해당 지역의 경제 여건 및 임대차 목적물의 규모 등을 고려하여 지역별로 구분하여 규정하되, 보증금 외에 차임이 있는 경우에는 그 차임액에 「은행법」에 따른 은행의 대출금리 등을 고려하여 대통령령으로 정하는 비율을 곱하여 환산한 금액을 포함하여야 한다.</del>	
<del>③ 제1항 단서에도 불구하고 제3조, 제10조 제1항, 제2항, 제3항 본문, 제10조의2부</del>	

현행법	개정안
터 제10조의8까지의 규정 및 제19조는 제1항 단서에 따른 보증금액을 초과하는 임대차에 대하여도 적용한다. (…) **제11조(차임 등의 증감청구권)** ① 차임 또는 보증금이 임차건물에 관한 조세, 공과금, 그 밖의 부담의 증감이나 경제 사정의 변동으로 인하여 상당하지 아니하게 된 경우에는 당사자는 장래의 차임 또는 보증금에 대하여 증감을 청구할 수 있다. 그러나 증액의 경우에는 대통령령으로 정하는 기준에 따른 비율을 초과하지 못한다.	제11조(차임 등의 증감청구권) ① 차임 또는 보증금이 임차건물에 관한 조세, 공과금, 그 밖의 부담의 증감이나 경제 사정의 변동으로 인하여 상당하지 아니하게 된 경우에는 당사자는 장래의 차임 또는 보증금에 대하여 증감을 청구할 수 있다. 그러나 증액의 경우에는 「통계법」 제3조에 따라 통계청장이 고시하는 전년도 전국소비자물가변동률의 2배의 범위에서 특별시·광역시·도·특별자치도의 조례로 정하는 기준에 따른 비율을 초과하지 못한다.

월세 3기 연체시켜 임차인 내쫓기

3개월 치 월세를 받지 마세요

 「상가건물 임대차보호법」 제10조의8 규정에 따르자면, 임대인은 임차인이 월세를 3기 이상 연체할 경우 '남아 있는 계약기간과 상관없이' 임대차 계약을 해지할 수 있습니다. 여기서 '3기의 연체'란 석달이 아닌 약정된 지급일을 기준으로 한, 총 3회분의 연체를 말합니다. 만약 월세를 매월 100만 원씩 지급하기로 한 임대차 계약이라면, 3개월분의 월세인 총 300만 원이 연체되어야만 (임대인이) 임대차 계약을 해지할 수가 있습니다.

연체액은 총 3기분의 월세에만 달하면 그만일 뿐, 꼭 그 3기의 연체가 연속되어야 하는 건 아닙니다. 가령 5월에 월세를 연체하고, 6월에는 해당분을 지급한 뒤, 다시 7월과 8월에 월세를 내지 못했다면, 총 3기분의 월세를 연체한 것이 되어서 임대차 계약을 해지할 수 있습니다.

한편 임차인이 '보증금이 있으니 보증금에서 월세를 까면 되는 것 아니냐'는 식의 대응(논리)을 펼친다고 하여, 채무 불이행의 책임에서 벗어날 수 있는 것은 아닙니다(대법원 1994. 9. 9. 선고 94다4417 판결). 요컨대 보증금의 잔존 여부와 상관없이 월세가 3기 이상 연체되면 임대인은 임대차 계약을 즉시 해지할 수 있습니다.

여러분은 바로 이 점, 다시 말해 임차인이 월세를 3기 이상 연체할 경우 '남아 있는 계약기간과 상관없이' 임대차 계약을 해지할 수 있다는 점을 파고들어야 합니다. 그러니까 임차인으로 하여금 3기의 월세를 연체하도록 만들어야 한다는 것이지요. 여러분은 지금 제게 묻고 싶을 겁니다.

"그게 가능한가요?"

네, 가능합니다. 두 가지 행동만 취하면 됩니다.

첫째, 월세를 받던 계좌를 해지하세요.
둘째, 임차인의 전화를 3개월 동안 받지 마세요.

너무 놀라실 것 없습니다. 일견 야비해 보이기까지 한 이 방법은 널리 알려지지만 않았을 뿐 지금도 꽤 많은 임대인이 사용하고 있는 유용한 방법입니다.

임차인은 임대인이 위와 같은 방법을 사용해 월세 받기를 거부할 경우 변제공탁(채무자가 변제를 하려고 하여도 채권자가 변제를 받지 않거나 변제를 받을 수 없는 경우에 공탁소에 공탁을 하여 채무를 면하는 제도)을 통해 3기의 월세가 연체되는 것을 막을 수 있습니다. 그러나 그러한 방법을 아는 임차인은 정말 드뭅니다. 게다가 임차인이 설령 변제공탁을 한다고 하여도, 그 행위가 임대인에게 어떤 피해를 주는 것은 아닙니다. 즉 어떻게 해도 임대인은 손해볼 게 없는 것이지요. 그러니 지금 잠시 책을 덮고 은행에 가서서 (월세 받던) 계좌를 해지하세요.

{ '월세 연체 시 계약 해지'라는 문구가 있는 계약서 }

계약서에 "1기(또는 2기)의 월세 연체 시 계약을 해지할 수 있다."는 문구를 넣어 임차인을 더 빨리 내쫓을 수 있느냐고 많이들 물으시는데요, 답은 "그럴 수 없습니다."입니다. 그 까닭을 설명드리겠습니다.

「상가건물 임대차보호법」은 「민법」에 우선하는 '특별법'이며(이를 일컬어서 '특별법 우선의 원칙'이라고 합니다.), 동시에 강행규정強行規定(당사자의 의사와 관계없이 강제적으로 적용되는 규정)으로서 본 법률에 위반된 약정 중 임차인에게 불리한 것은 무효이지만 임대인에게 불리한 것은 유효합니다(임대인만 구속하기 때문에 '편면적 강행규정'이라고 부르기도 합니다.)(「상가건물 임대차보호법」 제15조).

때문에 「상가건물 임대차보호법」 제10조의8 규정에 위반하는 사항으로서, 임차인에게 불리한 약정은 그 효력이 발생하질 않습니다 (「상가건물 임대차보호법」 제15조).

예를 들어 계약서에 "임대인은 임차인이 월세를 1회 연체 시에 계약을 해지할 수 있다."는 사항을 적어 넣어도, 그것은 해당 규정(「상가건물 임대차보호법」 제10조의8)을 넘어서 임차인의 위치를 불리하게 만드는 약정이기 때문에 임차인은 이를 지키지 않아도 되는 것입니다.

임대인의 계좌가 해지되는 등의 사유로
월세를 임대인에게 전할 수 없게 되었다면,
변제공탁을 통해 3기의 월세가 연체되는 것을
막아야 합니다.

변제공탁의 절차 및 방법은
대한법률구조공단(www.klac.or.kr)
또는 맘상모(http://cafe.daum.net/mamsangmo) 등을 통해
안내 받을 수 있습니다.

월세 3기 연체한 적 있던 임차인 내쫓기

인심 좋은 척은 이제 그만!

「상가건물 임대차보호법」엔 3기의 월세 연체에 관한 규정이 하나 더 있습니다. 제10조 제1항 제1호인데요. 다음과 같습니다.

제10조(계약갱신요구 등)

① 임대인은 임차인이 임대차 기간이 만료되기 6개월 전부터 1개월 전까지 사이에 계약갱신을 요구할 경우 정당한 사유 없이 거절하지 못한다. 다만, 다음 각 호의 어느 하나의 경우에는 그러하지 아니하다.

1. 임차인이 3기의 차임액에 해당하는 금액에 이르도록 차임을 연체한 사실이 있는 경우

제10조 제1항의 앞부분(임대인은 임차인이 임대차 기간이 만료되기 6개월 전부터 1개월 전까지 사이에 계약갱신을 요구할 경우 정당한 사유 없이 거절하지 못한다.)은 앞서 '5년 지난 임차인 내쫓기'를 다루며 살펴보았습니다(p.65 참조). 지금 살필 것은 밑줄 그은 후단과 제1호입니다. 글자 그대로 받아들이면 됩니다. 임차인이 3기의 월세를 연체한 적 있으면, 임대인은 (첫 계약일로부터 5년 이내라도) 임차인의 계약갱신요구를 거절할 수 있습니다!

의외로 이 조항에 걸리는 임차인이 많습니다. 예를 들면 경기가 좋지 않아(가령 구제역 파동 등) 가게에 적자가 발생하는 경우 임대인에게 이렇게 말하는 임차인이 있기 마련입니다.

"죄송한데, 이번 달 월세는 조금 늦어질 것 같아요."

살다보면 이런 일이 왜 없겠습니까. 그때 대개의 임대인은 자신이 맡아둔 상당한 보증금을 믿고, 이렇게 말합니다.

"장사를 하다 보면 그럴 때도 있지요.
나중에 천천히 주세요."

인심 좋게 잠시의 월세 연체를 용인해주는 것이지요. 임차인과 임대인 사이에 친분이 있는 경우 이런 일은 더욱 쉽게 일어납니다.

분명 여러분 중에서도 이런 식으로 사람 좋게 굴었던 분들이 있을 겁니다. 하지만 그건 이미 지난 이야기 아니겠습니까? 지금의 여러분은 상가 재테크에 눈을 뜬 영리한 임대인입니다. 사뿐히 3기의 월세를 연체한 적 있던 임차인에게로 가서 말씀하세요.

"월세를 세 번 연체한 적 있죠?
3기 월세 연체를 이유로 다음 계약 갱신은 거절하겠습니다."

합법적으로 권리금을 빼앗는 방법

이라 쓰고

권리금 회수기회 보호조항의 허점

이라 읽는다

권리금 회수기회 보호조항,
어떻게 되어 있나

 이미 말씀 드린 것처럼, 권리금 관행은 현재 법률로서 인정받고 있습니다. 2015년도에 「상가건물 임대차보호법」이 개정되며 관련 조항이 신설된 것인데요, 다행히 처음 들어선 개념이라 아직은 곳곳에 구멍이 존재합니다.

지금부터 보실 내용은 「상가건물 임대차보호법」 제10조의4 제1항부터 제5항까지, 권리금 회수기회 보호 등에 관한 내용입니다. 여기엔 여러분이 이용 가능한 세 가지 허점이 있습니다. 그것을 차례로 살펴보고 임차인이 회수해야 할 권리금을 여러분이 차지할 수 있도록 그 방법을 세세히 알려드리도록 하겠습니다.

「상가건물 임대차보호법」 제10조의4 제1항부터 제5항까지

제10조의4(권리금 회수기회 보호 등) ① 임대인은 임대차 기간이 끝나기 3개월 전부터 임대차 종료 시까지 다음 각 호의 어느 하나에 해당하는 행위를 함으로써 권리금 계약에 따라 임차인이 주선한 신규 임차인이 되려는 자로부터 권리금을 지급받는 것을 방해하여서는 아니 된다. 다만, 제10조 제1항 각 호의 어느 하나에 해당하는 사유가 있는 경우에는 그러하지 아니하다.

1. 임차인이 주선한 신규 임차인이 되려는 자에게 권리금을 요구하거나 임차인이 주선한 신규 임차인이 되려는 자로부터 권리금을 수수하는 행위

2. 임차인이 주선한 신규 임차인이 되려는 자로 하여금 임차인에게 권리금을 지급하지 못하게 하는 행위

3. 임차인이 주선한 신규 임차인이 되려는 자에게 상가건물에 관한 조세, 공과금, 주변 상가건물의 차임 및 보증금, 그 밖의 부담에 따른 금액에 비추어 현저히 고액의 차임과 보증금을 요구하는 행위

4. 그 밖에 정당한 사유 없이 임대인이 임차인이 주선한 신규 임차인이 되려는 자와 임대차 계약의 체결을 거절하는 행위

② 다음 각 호의 어느 하나에 해당하는 경우에는 제1항제4호의 정당한 사유가 있는 것으로 본다.

1. 임차인이 주선한 신규 임차인이 되려는 자가 보증금 또는 차임을 지급할 자력이 없는 경우

2. 임차인이 주선한 신규 임차인이 되려는 자가 임차인으로서의 의무를 위반할 우려가 있거나 그 밖에 임대차를 유지하기 어려운 상당한 사유가 있는 경우

3. 임대차 목적물인 상가건물을 1년 6개월 이상 영리목적으로 사용하지 아니한 경우

4. 임대인이 선택한 신규 임차인이 임차인과 권리금 계약을 체결하고 그 권리금을 지급한 경우

③ 임대인이 제1항을 위반하여 임차인에게 손해를 발생하게 한 때에는 그 손해를 배상할 책임이 있다. 이 경우 그 손해배상액은 신규 임차인이 임차인에게 지급하기로 한 권리금과 임대차 종료 당시의 권리금 중 낮은 금액을 넘지 못한다.

④ 제3항에 따라 임대인에게 손해배상을 청구할 권리는 임대차가 종료한 날부터 3년 이내에 행사하지 아니하면 시효의 완성으로 소멸한다.

⑤ 임차인은 임대인에게 임차인이 주선한 신규 임차인이 되려는 자의 보증금 및 차임을 지급할 자력 또는 그 밖에 임차인으로서의 의무를 이행할 의사 및 능력에 관하여 자신이 알고 있는 정보를 제공하여야 한다.

임차인의 권리금 회수기회 보호는 딱 3개월!

 앞서 보셨던 바와 같이 「상가건물 임대차 보호법」 제10조의4 제1항은 다음과 같이 시작합니다.

제10조의4(권리금 회수기회 보호 등) ① 임대인은 임대차 기간이 끝나기 3개월 전부터 임대차 종료 시까지 다음 각 호의 어느 하나에 해당하는 행위를 함으로써 권리금 계약에 따라 임차인이 주선한 신규 임차인이 되려는 자로부터 권리금을 지급받는 것을 방해하여서는 아니 된다.

밑줄 그은 "임대차 기간이 끝나기 3개월 전부터 임대차 종료 시까지"에 집중해주세요. 글자 그대로 임대인은 '임대차 기간이 끝나기 3개월 전부터 임대차 종료 시까지' 임차인이 권리금을 회수하는 걸 방해할 수 없습니다. 바꿔 말하면 여러분은 해당 기간(임대차 기간이 끝나기 3개월 전부터 임대차 종료 시까지)을 제외한 나머지의 모든 기간에는, 제1호부터 제4호까지의 행위로 임차인이 권리금을 회수하는 걸 방해해도 되는 것입니다.

1. 임차인이 주선한 신규 임차인이 되려는 자에게 권리금을 요구하거나 임차인이 주선한 신규 임차인이 되려는 자로부터 권리금을 수수하는 행위
2. 임차인이 주선한 신규 임차인이 되려는 자로 하여금 임차인에게 권리금을 지급하지 못하게 하는 행위
3. 임차인이 주선한 신규 임차인이 되려는 자에게 상가건물에 관한 조세, 공과금, 주변 상가건물의 차임 및 보증금, 그 밖의 부담에 따른 금액에 비추어 현저히 고액의 차임과 보증금을 요구하는 행위
4. 그 밖에 정당한 사유 없이 임대인이 임차인이 주선한 신규 임차인이 되려는 자와 임대차 계약의 체결을 거절하는 행위

이제 제4호에 집중해주세요. 해당 문장(그 밖에 정당한 사유 없이 임대인이 임차인이 주선한 신규 임차인이 되려는 자와 임대차 계약의 체결을 거절하는 행위)은 임대인이 임차인의 권리금을 착복하기 위해 취하는 모든 행동 유형을 포괄하기 위한 장치입니다.

그러나 여기에 제10조의4 제1항의 "임대차 기간이 끝나기 3개월 전부터 임대차 종료 시"까지라는 문구가 더해져서, 결국엔 '임대차 기간이 끝나기 3개월 전부터 임대차 종료 시까지를 제외한 나머지의 모든 기간엔, 임대인이 어떠한 수단을 써서라도 임차인이 권리금을

회수할 수 없도록 방해해도 된다'는 뜻이 됩니다. 즉 여러분은 임대차 계약 종료 전 3개월을 제외한 나머지의 기간엔, 무조건 임차인의 권리금을 빼앗을 수 있습니다.

예를 들어 임차인이 임대차 계약이 끝나기 4개월 전, 또는 6개월, 1년 전에 새로운 임차인을 데려와 이렇게 말한다면,

"저는 이 사람과 양수양도 계약(권리금 계약)을 체결하기로 했습니다. 그러니 임대인님도 이 분과 임대차 계약을 체결해주세요."

이때 여러분은 다음과 같이 응수하면 됩니다.

"새로운 임차인의 눈썹이 마음에 들지 않아서 싫군요."
"날씨가 더워서 안 되겠소."

이렇게 이유같이 않은 이유로 임대차 계약에 응하지 않아도 되는 겁니다. 물론 금방 살펴본 것처럼, 그러한 행위는 전혀 위법하지 않습니다.

{ 그마저도 단축시키고 싶다면? }

임대차 계약 종료 직전 3개월이라는 짧은 기간에, 임차인이 자신에게 권리금을 지급해줄 새로운 임차인을 구하는 것은 결코 쉬운 일이 아닙니다. 그러나 또 그것이 아예 불가능한 것도 아니죠. 하여 여러분은 그러한 '비극적 사태(임차인이 권리금을 회수하는 사태)'를 막기 위해, 앞서 살펴본 임차인 내쫓기의 방법을 십분 응용, 임차인이 권리금을 회수할 수 있는 3개월의 기간마저도 훼손해야 합니다. 지금부터 이야기할 내용은 바로 그것에 대한 '꿀팁'입니다.

하나. 최초의 임대차 계약 후 5년이 다 되어가는 임대차의 경우, 평시에는 묵시의 갱신이 이루지는 게 당연하다는 듯 부처님처럼 굴다가(증거가 남지 않는 선에서 지나는 말로 "앞으로도 잘 부탁드립니다." 따위의 인사를 건네면 더욱 좋습니다.), 임대차 종료 1개월 전에 계약 해지를 통보하면, 임차인에겐 1개월의 기간밖에 남지 않기 때문에 권리금을 회수하기가 매우 어렵습니다(계약해지 통보를 왜 1개월 전에 해야 하는지는 p.66~67에서 이미 설명했죠?).

둘. 환산보증금 초과 임차인이 「상가건물 임대차보호법」 묵시의 갱신에 해당하는 줄로 착각하고 임대차 계약 종료일이 임박하도록(종료일 전 1개월 이내의 기간) 아무런 의사 표시가 없다면, 계약 종료일이 되자마자 "나가!"라고 하세요. 이렇게 하면 「민법」의 묵시의 갱신도 이루어지지 않은 상태라서 임차인은 임대인이 나가라고 한 바로 그 날에 짐을 싸야 합니다(p.69~72 참조).

셋. 3개월치 월세가 밀렸다는 이유로 계약을 해지할 때는 그 해지 의 효력이 바로 발생하니 권리금 회수기회의 보호기간 3개월은 신경 쓰지 않으셔도 됩니다(p.79~82 참조).

임차상인이 임대차 기간 중 언제라도 권리금 회수기회를 보호 받을 수 있
도록 "임대차 기간이 끝나기 3개월 전부터 임대차 종료 시까지"라는 문구
를 "임대차 기간 중"으로 바꾸었습니다.

현행법	개정안
제10조의4(권리금 회수기회 보호 등) ① 임대인은 임대차 기간이 끝나기 3개월 전부터 임대차 종료 시까지 다음 각 호의 어느 하나에 해당하는 행위를 함으로써 권리금 계약에 따라 임차인이 주선한 신규임차인이 되려는 자로부터 권리금을 지급받는 것을 방해하여서는 아니 된다.	제10조의4(권리금 회수기회 보호 등) ① 임대인은 임대차 기간 중 다음 각 호의 어느 하나에 해당하는 행위를 함으로써 권리금 계약에 따라 임차인이 주선한 신규임차인이 되려는 자로부터 권리금을 지급받는 것을 방해하여서는 아니 된다.

권리금 회수기회 보호조항의 허점 2

이 건물은 재건축 예정입니다

 이번에는 「상가건물 임대차보호법」 제10조의4 제1항의 후단을 살펴보겠습니다.

제10조의4(권리금 회수기회 보호 등) ① 임대인은 임대차 기간이 끝나기 3개월 전부터 임대차 종료 시까지 다음 각 호의 어느 하나에 해당하는 행위를 함으로써 권리금 계약에 따라 임차인이 주선한 신규 임차인이 되려는 자로부터 권리금을 지급받는 것을 방해하여서는 아니 된다. 다만, 제10조 제1항 각 호의 어느 하나에 해당하는 사유가 있는 경우에는 그러하지 아니하다.

밑줄 그은 "다만, 제10조 제1항 각 호의 어느 하나에 해당하는 사

유가 있는 경우에는 그러하지 아니하다.”에 주목해주세요. 「상가건물
임대차보호법」 제10조 제1항의 각 호는 아래와 같습니다. 아래의 사
항에 해당할 경우, 임대인은 '임대차 기간이 끝나기 3개월 전부터 임
대차 종료 시까지'의 기간에도, 임차인이 권리금을 회수하는 걸 방
해할 수 있다는 말입니다.

1. 임차인이 3기의 차임액에 해당하는 금액에 이르도록 차임을 연체한 사실
   이 있는 경우
2. 임차인이 거짓이나 그 밖의 부정한 방법으로 임차한 경우
3. 서로 합의하여 임대인이 임차인에게 상당한 보상을 제공한 경우
4. 임차인이 임대인의 동의 없이 목적 건물의 전부 또는 일부를 전대(轉貸)한 경우
5. 임차인이 임차한 건물의 전부 또는 일부를 고의나 중대한 과실로 파손한
   경우
6. 임차한 건물의 전부 또는 일부가 멸실되어 임대차의 목적을 달성하지 못
   할 경우
7. 임대인이 다음 각 목의 어느 하나에 해당하는 사유로 목적 건물의 전부 또
   는 대부분을 철거하거나 재건축하기 위하여 목적 건물의 점유를 회복할
   필요가 있는 경우
   가. 임대차 계약 체결 당시 공사시기 및 소요기간 등을 포함한 철거 또는 재
      건축 계획을 임차인에게 구체적으로 고지하고 그 계획에 따르는 경우
   나. 건물이 노후·훼손 또는 일부 멸실되는 등 안전사고의 우려가 있는 경우
   다. 다른 법령에 따라 철거 또는 재건축이 이루어지는 경우
8. 그 밖에 임차인이 임차인으로서의 의무를 현저히 위반하거나 임대차를

역시 밑줄 그은 조항을 살펴봅시다. 먼저 "임차인이 3기의 차임액에 해당하는 금액에 이르도록 차임을 연체한 사실이 있는 경우"입니다. 해당 사유는 이미 앞에서 살펴보았습니다(p.84~86 참조). 과거에 사람 좋게 굴었다면, 이젠 좀 영리하게 구셔도 된다는 취지의 조언을 드렸던 것도 기억하시죠?

자, 그러니까 여러분은 이제 임차인에게로 가서 이렇게 말하세요.

"예전 월세 연체를 이유로 다음 계약 갱신은 거절하겠습니다."

그리고 다음과 같은 말도 덧붙이면 됩니다.

**"아차! 월세를 3기 연체한 기록 있는 임차인의 경우에는
권리금 회수기회를 보장 받지 못하는 거 알고 계시죠?"**

{ "재건축 예정입니다" }

한편, 두 번째 밑줄 그은 조항, 즉 "임대차 계약 체결 당시 공사시기 및 소요기간 등을 포함한 철거 또는 재건축 계획을 임차인에게 구

체적으로 고지하고 그 계획에 따르는 경우"는 「상가건물 임대차보호법」 권리금 회수기회 보호조항 허점 중에 백미입니다.

이 조항은 2013년에 「상가건물 임대차보호법」이 개정되면서 새롭게 생겨난 것입니다. 해당 문구의 삽입 까닭(개정 이유)에 대하여 법률은 다음과 같이 밝히고 있습니다.

임차인의 계약갱신요구를 거절할 수 있는 철거 또는 재건축의 사유를 세분화 (…) 상가 임차인의 보호를 더욱 강화하려는 것임.

여튼 이 조항에 의해 임대인은 임차인에게 재건축 계획을 사전 고지하는 것으로, 자신의 상가건물을 자유롭게 개발할 수 있습니다. 그리고 임차인은 그것을 사전(계약 체결 당시)에 고지받기 때문에, 불의의 피해를 예방할 수 있지요. 요컨대 본 조문은 임차인만을 두둔하기 위한 것만이 아닌, 임대인과 임차인의 입장을 조금씩 배려한 문장인 겁니다.

일견 타당해 보이는 이 문구는, 2015년 권리금이 법제화되면서 '엄청난 구멍'으로 전락합니다. 이 조항이 임차인의 '권리금 회수기회 보호조항'과 모순을 이루게 되었거든요. 가령 임차인이 임대차계약 종료 전 3개월 내의 기간에 새로운 임차인을 데려와도, 임대인은 그 새로운 임차인에게 다음과 같은 말을 함으로써 「상가건물 임대차보호법」의 권리금 회수기회 보호조항을 일거에 무너뜨릴 수 있습니다.

"저는 이 건물을 1년 뒤에 재건축할 계획입니다.
1년만 장사해도 괜찮다면 계약하시지요."

표면적으로만 보자면, '곧 재건축할 계획'이라는 임대인의 말은, 새로운 임차인에게는 '불의의 피해를 예방해주기 위한 임대인 나름의 선의의 조치'입니다. 또한 임차인 보호라는 명분으로 법률에 규정되어 있는 조항이기도 합니다.

그러나 기존 임차인의 입장에서 보자면, 이러한 행위는, 권리금 회수기회 보호를 방해하려는 임대인의 야비한 꼼수로 읽힙니다. 물론 사람 속을 뒤집어서 상대의 의중을 증거할 방도는 없으니, 기존 임차인은 임대인의 재건축 예정 선언에 감히 무어라 할 수가 없습니다.

어떤가요? 권리금 빼앗기 참 쉽죠?

상가 임대차법, 이렇게 개정되면 어때요?

월세를 3기 연체한 기록이 있는 임차인도 권리금 회수기회를 보장받을 수 있도록, 제10조의4 제1항의 예외조항(제10조의 제1항 제1호~제8호)에서 "임차인이 3기의 차임액에 해당하는 금액에 이르도록 차임을 연체한 사실이 있는 경우(제10조의 제1항 제1호)"를 뺐습니다.

한편 "건물이 노후·훼손 또는 일부 멸실되는 등 안전사고의 우려가 있는 경우(제10조의 제1항 제7호 나목)" 및 "다른 법령에 따라 철거 또는 재건축이 이루어지는 경우(제10조의 제1항 제7호 다목)"로 재건축이 이루어지는 경우에는 '재건축 후 우선 입주권' 또는 '퇴거료'를 지급하도록 하여 임차상인의 권리를 더욱 강화하였습니다.

현행법	개정안
제10조의4(권리금 회수기회 보호 등) ① (…) 다만, 제10조제1항 각 호의 어느 하나에 해당하는 사유가 있는 경우에는 그러하지 아니하다.	제10조의4(권리금 회수기회 보호 등) ① (…) 다만, 제10조제1항제2호부터 제8호까지의 어느 하나에 해당하는 사유가 있는 경우에는 그러하지 아니하다.
(없음)	제10조의9(재건축 건물의 우선입주요구권) ① 제10조제1항제7호 나목 또는 다목의 사유로 계약갱신요구가 거절된 경우에는 임차인은 그 건물을 철거하고 건축된 재건축 상가건물의 임대인에게 해당 상가건물의 일부 또는 전부에 대하여 행사하지 못한 기간의 범위에서 임대차계약의 체결을 요구할 수 있다. 이 경우 임대인은 정당한 사유가 없는 한 이에 따라야 한다.

현행법	개정안
	② 재건축 상가건물 중 임대차 건물의 위치·면적, 임대료 등 제1항에 따른 임대차계약에 필요한 사항은 당사자의 협의로 정한다.
	③ 제2항에 따른 협의가 이루어지지 않을 때에는 상가임대차분쟁조정위원회는 당사자의 청구로 재건축 기간 동안의 경제적 사정의 변동, 주변 상가건물의 임대차 관행·시세 등 대통령령으로 정하는 사정을 고려하여 제2항에 따른 임대차계약에 필요한 사항을 정한다.
(없음)	**제10조의10(퇴거료 보상)** ① 임차인이 제10조의9제1항에 따른 요구를 하지 아니하는 경우에는 목적 건물의 철거나 재건축에 따른 퇴거료의 보상을 요구할 수 있다.
	② 제1항에 따른 보상은 임대인과 임차인의 협의에 따른다. 다만, 협의가 이루어지지 않을 때에는 상가임대차분쟁조정위원회는 제10조의4제3항 후단에 따른 손해배상액을 참고하여 보상액을 정한다.
	③ 제1항 및 제2항에 따른 보상의 요구·협의 및 보상액결정 방식과 절차는 대통령령으로 정한다.

맘상모법도 결국엔 임대인이 새로운 임차인에게 던지는 다음 마법의 말에는 완전 속수무책입니다.

**"저는 이 건물을 1년 뒤에 재건축할 계획입니다.
1년만 장사해도 괜찮다면 계약하시지요."**

즉 맘상모법에는 제10조 제1항 제7호 가목인 "임대차계약 체결 당시 공사시기 및 소요기간 등을 포함한 철거 또는 재건축 계획을 임차인에게 구체적으로 고지하고 그 계획에 따르는 경우"에 대한 대책이 없는 것이지요. 하여 저는 맘상모법에 「집합건물의 소유 및 관리에 관한 법률」 중 재건축에 관한 조항 일부의 개념을 차용할 것을 제언합니다.

. . .

「집합건물의 소유 및 관리에 관한 법률」은 아파트나 오피스텔처럼 '한 건축물 내에 수 개의 소유권이 존재할 때, 또 그것들이 충돌을 일으킬 때, 과연 그 문제를 어떻게 공평·타당하게 해결할 수 있는가?'에 대한 해결책을 담아놓은 법률입니다. 이 법률엔 재건축에 대한 다음의 조항이 있습니다(제47조, 제48조).

제47조(재건축 결의) ① 건물 건축 후 상당한 기간이 지나 건물이 훼손되고
나 일부 멸실되거나 그 밖의 사정으로 건물가격에 비하여 지나치게 많
은 수리비·복구비나 관리비용이 드는 경우 또는 부근 토지의 이용 상
황의 변화나 그 밖의 사정으로 건물을 재건축하면 재건축에 드는 비용
에 비하여 현저하게 효용이 증가하게 되는 경우에 관리단집회는 그 건
물을 철거하여 그 대지를 구분소유권의 목적이 될 새 건물의 대지로 이
용할 것을 결의할 수 있다. 다만, 재건축의 내용이 단지 내 다른 건물의
구분소유자에게 특별한 영향을 미칠 때에는 그 구분소유자의 승낙을
받아야 한다.
② 제1항의 결의는 구분소유자의 5분의4 이상 및 의결권의 5분의4 이상
의 결의에 따른다.

제48조(구분소유권 등의 매도청구 등) ① 재건축의 결의가 있으면 집회를 소
집한 자는 지체 없이 그 결의에 찬성하지 아니한 구분소유자(그의 승계
인을 포함한다)에 대하여 그 결의 내용에 따른 재건축에 참가할 것인지
여부를 회답할 것을 서면으로 촉구하여야 한다.
② 제1항의 촉구를 받은 구분소유자는 촉구를 받은 날부터 2개월 이내에
회답하여야 한다.
③ 제2항의 기간 내에 회답하지 아니한 경우 그 구분소유자는 재건축에
참가하지 아니하겠다는 뜻을 회답한 것으로 본다.
④ 제2항의 기간이 지나면 재건축 결의에 찬성한 각 구분소유자, 재건축

결의 내용에 따른 재건축에 참가할 뜻을 회답한 각 구분소유자(그의 승계인을 포함한다) 또는 이들 전원의 합의에 따라 구분소유권과 대지사용권을 매수하도록 지정된 자(이하 "매수지정자"라 한다)는 제2항의 기간 만료일부터 2개월 이내에 재건축에 참가하지 아니하겠다는 뜻을 회답한 구분소유자(그의 승계인을 포함한다)에게 구분소유권과 대지사용권을 시가로 배도할 것을 청구할 수 있다. 재건축 결의가 있은 후에 이 구분소유자로부터 대지사용권만을 취득한 자의 대지사용권에 대하여도 또한 같다.

⑤ 제4항에 따른 청구가 있는 경우에 재건축에 참가하지 아니하겠다는 뜻을 회답한 구분소유자가 건물을 명도明渡하면 생활에 현저한 어려움을 겪을 우려가 있고 재건축의 수행에 큰 영향이 없을 때에는 법원은 그 구분소유자의 청구에 의하여 대금 지급일 또는 제공일부터 1년을 초과하지 아니하는 범위에서 건물 명도에 대하여 적당한 기간을 허락할 수 있다.

이 조항을 임대인과 임차인의 관계로 수정하여 『상가건물 임대차보호법』에 삽입을 하면, 임대인 개인의 경제적 사유로 재건축을 하는 경우 썩 괜찮은 해법이 될 수 있습니다. 먼저 첫 번째로 밑줄 그은 제47조 제1항 마지막 부분과 제2항부터 살펴보겠습니다.

(…) 그 구분소유자의 승낙을 받아야 한다.

② 제1항의 결의는 구분소유자의 5분의4 이상 및 의결권의 5분의4 이상의 결의에 따른다.

이 문장을 "임차인 ○○분의 ○○ 이상의 승낙을 받아야 한다." 정도로 수정하여 쓰면 됩니다.

보다 자세히 부연 설명하자면, 임차인이 임차상가의 재건축에 동의(승낙)를 했다는 것은 이미 임대인으로부터 권리금에 상당하는 금전적 대가를 지급받았다는 것을 의미합니다. 임차인은 어느 정도의 보상을 받았기 때문에(권리금을 회수했기 때문에) 쉽게 다른 곳으로 옮겨 장사를 할 수 있습니다. 한편 임대인은 (임차인에게 금전적 보상을 해주었다 하더라도) 재건축을 한 뒤에 새로운 임차인으로부터 바닥권리금을 받으면 될 것이니, 둘 사이에 형평성 문제는 크게 발생하지 않습니다. 이것이 「상가건물 임대차보호법」에 "임차인 ○○분의 ○○ 이상의 승낙을 받아야 한다."라는 문장이 필요한 까닭입니다.

이번에는 두 번째 밑줄 그은 제48조 제4항을 살펴보겠습니다.

④ 제2항의 기간이 지나면 재건축 결의에 찬성한 각 구분소유자, 재건축 결의 내용에 따른 재건축에 참가할 뜻을 회답한 각 구분소유자(그의 승계인을 포함한다) 또는 이들 전원의 합의에 따라 구분소유권과 대지사용권을 매수하도록 지정된 자(이하 "매수지정자"라 한다)는 제2항의 기간 만료일부터 2개월 이내에 재건축에 참가하지 아니하겠다는 뜻을 회답한 구분소유자(그의 승계인을 포함한다)에게 구분소유권과 대지사용권을 시가로 배도할 것을 청구할 수 있다. 재건축 결의가 있은 후에 이 구분소유자로부터 대지사용권만을 취득한 자의 대지사용권에 대하여도 또한 같다.

이 밑줄 그은 문장은 '임차인의 권리금매수청구권에 대한 문장'으로 수정하여 사용하면 될 것입니다.

　임대인과 임차인 간의 협의가 성립하지 않아 임차인이 상가건물의 재건축에 동의하지 않을 수도 있습니다. 하지만 그런 경우에도 어떠한 이유에 해당해(자신을 제외한 다른 임차인 ○○분의 ○○ 이상이 동의한 경우 등) 재건축이 진행될 수 있습니다.

　재건축 이후 임대인은 어떻게 해서든지 새로운 임차인에게 바닥권리금을 받을 것입니다. 점포를 비워줘야 하는 임차인 또한 이미 이전에 권리금을 치렀을 터이니 재건축에 동의하지 않은 채로 점포를 비우는 임차인에게도 분명 어떤 식으로든 권리금을 보전해줘야 할 것입니다.

　그래서 떠나는 임차인에게 제공되는 것이 바로 임대인에게 권리금의 매수를 청구할 수 있는, 이른바 '권리금매수청구권'입니다. 권리금 감정평가 등에 의해 도출된 금액을 지급받고 점포를 내어주는 것이지요. 마침 맘상모가 2015년 「상가건물 임대차보호법」의 개정을 주도하며 권리금을 법률 안으로 넣은 덕에, 「감정평가 실무기준」이 개정되어 권리금의 감정평가 기준이 마련되었습니다.

권리금 회수기회 보호조항의 허점 3

1년 6개월 동안 비워둘 겁니다

 세 번째 허점을 살펴보겠습니다. 「상가건물 임대차보호법」 제10조의4 제2항은 다음과 같습니다.

다음 각 호의 어느 하나에 해당하는 경우에는 제1항 제4호의 정당한 사유가 있는 것으로 본다.

이 문장은 앞서 살펴본 제10조 제1항의 앞 문장과 그 밑에 이어지는 제4호에서 파생된 것입니다. 둘을 합치면 다음과 같습니다.

① 임대인은 임대차 기간이 끝나기 3개월 전부터 임대차 종료 시까지 다음 각 호의 어느 하나에 해당하는 행위를 함으로써 권리금 계약에 따라

임차인이 주선한 신규 임차인이 되려는 자로부터 권리금을 지급받는 것을 방해하여서는 아니 된다. (…) 4. 그 밖에 정당한 사유 없이 임대인이 임차인이 주선한 신규 임차인이 되려는 자와 임대차 계약의 체결을 거절하는 행위

제10조의4 제2항 밑에 있는 다음 4개의 호는, 위 조문에서 밑줄 친 '정당한 사유'에 대한 내용입니다. 이 중에서 여러분이 공략해야 할 것은 제3호입니다.

1. 임차인이 주선한 신규 임차인이 되려는 자가 보증금 또는 차임을 지급할 자력이 없는 경우
2. 임차인이 주선한 신규 임차인이 되려는 자가 임차인으로서의 의무를 위반할 우려가 있거나 그 밖에 임대차를 유지하기 어려운 상당한 사유가 있는 경우
3. 임대차 목적물인 상가건물을 1년 6개월 이상 영리 목적으로 사용하지 아니한 경우
4. 임대인이 선택한 신규 임차인이 임차인과 권리금 계약을 체결하고 그 권리금을 지급한 경우

"임대차 목적물인 상가건물을 1년 6개월 이상 영리목적으로 사용하지 아니한 경우"라는 이 조문은 '임차인의 권리금 회수기회를 방해한 임대인은 최소한 이 정도의 기간(1년 6개월)에는 해당 점포에서 수익을 얻어선 안 된다'는 뜻을 담은 일종의 패널티입니다.

일견 타당한 장치 같아 보이죠? 하지만 여러분께 페널티가 되기에 1년 6개월이란 기간은 좀 짧습니다. 가령 월세가 300만 원이고, 권리금이 2억 원인 가게가 있을 때, 여러분은 1년 6개월 치의 월세인 5400만 원을 포기하는 대신, 2억 원의 권리금을 취할 수 있습니다. 건물을 비워놓음으로 해서 무려 1억 4600만 원의 이득을 볼 수 있는 것입니다.

게다가! 법률엔 "영리 목적으로 사용하지 아니한 경우"라고 쓰였기 때문에, 임차인을 내쫓은 공간을 휴게실, 창고 등 이른바 '간접적 영리의 수단'으로 사용하는 것은 달리 제재할 방법이 없습니다(종교 단체의 경우에는 상가건물을 매입하여 상인들을 모두 내쫓은 뒤, 그 각각의 공간에 신도들을 위한 휴게실, 합주실, 공부방 등을 꾸려도 괜찮습니다.).

어쨌든 추후 이 빈틈을 파고들 분이 계시다면, 임차인을 내쫓으며 이렇게 말하시면 됩니다.

**"전 이 가게를 1년 6개월 동안 비워둘 생각입니다.
그러니 권리금 회수는 꿈도 꾸지 마세요!"**

영리 목적으로 사용할 수 없는 기간을 기존 1년 6개월에서 3년으로 늘렸습니다.

현행법	개정안
제10조의4(권리금 회수기회 보호 등) (…) ② 다음 각 호의 어느 하나에 해당하는 경우에는 제1항제4호의 정당한 사유가 있는 것으로 본다.	**제10조의4(권리금 회수기회 보호 등)** (…) ② 다음 각 호의 어느 하나에 해당하는 경우에는 제1항제4호의 정당한 사유가 있는 것으로 본다.
(…)	(…)
3. 임대차 목적물인 상가건물을 1년 6개월 이상 영리목적으로 사용하지 아니한 경우	3. 임대차 목적물인 상가건물을 3년 이상 영리목적으로 사용하지 아니한 경우

권리금 회수기회 보호조항의 사각지대 1

전대차 계약을 노려봅시다

 임대인A가 임차인B에게 세를 주고, 다시 임차인B가 임차인C에게 세를 주는 것, 즉 임차인이 임차인에게 세를 주는 것을 일컬어서 '전대차'라고 합니다.

그런데 지금의 「상가건물 임대차보호법」에 따르면, 전대차에 관해서는 권리금과 관련된 어떠한 규정도 적용이 되질 않습니다(「상가건물 임대차보호법」 제13조 제1항). 즉 전대차의 권리금은 법률이 완전히 손을 놓은 형국인 것이지요.

이제 이 빈틈을 파고드는 법을 일러드리겠습니다. 여러분이 가지고 있는 상가건물의 모든 공간을 가족 중 누군가에게 세를 주세요. 그리고 그에게 관리소장이라는 타이틀을 달아주세요. 그 뒤 관리소장을 통해 새로운 임대차 계약을 체결하세요. 전대차의 형태를 취하는 것입니다.

이 방법은 처음이 조금 번거로워서 그렇지, 잘 갖추어 놓기만 하면 그 뒤로는 '권리금을 어떻게 빼앗을까?' 따위의 걱정을 일절 하지 않아도 되는 속이 굉장히 편안한 방법입니다.

기존 임대차 계약이 없는 신축 상가건물의 임대인이 하기에 아주 좋습니다.

상가건물 임대차 피해예방을 위한 행동요령

전대차 계약은 절대, 절대, 해서는 안 됩니다!

권리금 회수기회 보호조항의 사각지대 2

전통시장 권리금은 누구 꺼?

 「상가건물 임대차보호법」 제10조의5 제1호에 의하자면, "임대차 목적물인 상가건물이 「유통산업발전법」 제2조에 따른 대규모점포 또는 준대규모점포의 일부인 경우"에는 권리금 회수기회 보호조항을 적용받지 못합니다.

이는 유통대기업의 점포, 즉 이마트나 홈플러스 등의 대형마트(대규모점포) 및 홈플러스 익스프레스, 롯데 슈퍼 등의 기업형슈퍼마켓(준대규모점포)의 권리금은 보호해주질 않겠다는 취지로 도입된 조문입니다.

그러나 현재 「유통산업발전법」이 대규모점포 중 '그 밖의 대규모점포'를 다음과 같이 규정하고 있는 까닭에 세간에 문제가 되고 있습니다(「유통산업발전법」 제2조 제3호, [별표]).

대규모점포란 다음 각 목의 요건을 모두 갖춘 매장을 보유한 점포의 집단
으로서 [별표]에 규정된 것을 말한다.

가. 하나 또는 대통령령으로 정하는 둘 이상의 연접되어 있는 건물 안에
하나 또는 여러 개로 나누어 설치되는 매장일 것

나. 상시 운영되는 매장일 것

다. 매장면적의 합계가 3천제곱미터 이상일 것

(이하 [별표])

제1호부터 제5호까지의 규정에 해당하지 아니하는 점포의 집단으로서
다음 각 목의 어느 하나에 해당하는 것

가. 용역의 제공장소를 제외한 매장면적의 합계가 3천제곱미터 이상인 점
포의 집단

나. 용역의 제공장소를 포함하여 매장면적의 합계가 3천제곱미터 이상인
점포의 집단으로서 용역의 제공장소를 제외한 매장면적의 합계가 전
체 매장면적의 100분의 50 이상을 차지하는 점포의 집단

무엇이 문제냐? 해당 법률에 의하면, '그 밖의 대규모점포'란 말 그
대로 '건물 또는 점포의 집단'인 것인데요, 지금 그 밖의 대규모점포
의 상당수는 작은 상가건물이 밀집해 있는 '전통시장'입니다.

그러니까 유통대기업의 점포 권리금을 보호대상에서 제외시키면
서, 영세한 시장상인들의 권리금도 함께 보호대상에서 빠져버린 것
이지요. 앞서 말한 것처럼 세상은 지금 이 부분에 문제가 있다는

사실을 분명히 알고 있습니다. 이를 바로 잡기 위한 「상가건물 임대차보호법」 일부 개정법률안도 벌써 몇 개가 발의(의안번호 2000047, 2000165 등) 되어 있는 상태입니다.

하지만 어쨌거나 아직까지 '그 밖의 대규모점포인 전통시장'은 「상가건물 임대차보호법」의 권리금 회수기회 보호조항의 사각지대에 놓여 있습니다. 따라서 관련 상가건물을 소유하고 있는 임대인에겐 (법률의 보완이 이루어지기 전인) 지금이 바로 임차인 내쫓기에 최적의 시기인 거죠.

여러분이 가진 상가건물이 '그 밖의 대규모점포'에 포함되는지의 여부는 관할구청 등에 문의하면 쉽게 확인할 수 있습니다. 참고로 제 사무실 근처에 위치한 구로시장은 모든 상가건물이 '그 밖의 대규모점포'에 해당됩니다. 혹시 이 책을 읽으시는 분 중에 구로시장 내에 건물을 소유한 임대인이 계실 수도 있으니, 구로시장 내의 그 밖의 대규모점포인 상가건물 지번을 첨부합니다.

하루빨리 임차인을 내쫓으시고 권리금을 착복하여 부자되세요!

구로시장 내 대규모점포 상가건물

면적 : 8306㎡

지번 : 구로동 733-5, 7, 16
구로동 734-14, 17, 18, 19, 20, 21
구로동 735-1, 2, 3, 36, 37, 38, 39, 40, 41, 88, 89, 90, 91,
92, 93, 94, 95, 96, 97, 98, 99, 100, 101, 102, 103,
104, 105, 106, 107, 108, 109, 110, 111, 112, 113,
114, 115, 116, 117, 118, 119, 120, 121, 122, 123,
124, 125, 126, 127, 128, 129, 130, 131, 132, 133,
134, 135, 136, 137, 138, 139, 140, 141, 142, 143,
144, 145, 146, 147, 148, 149, 150, 151, 152, 153,
154, 155, 156, 157, 158, 159, 160, 161, 162, 163,
164, 165, 166, 167, 168, 169, 170, 171, 172, 173,
174, 175, 176, 177, 178, 179, 180, 181, 182, 183,
184, 185, 186, 187, 188, 189, 190, 191, 192, 193,
194, 195, 196, 197, 198, 199, 200, 201, 202, 203,
204, 205, 206, 207, 208, 209, 210, 211, 212, 213,
214, 215
구로동 736-1, 21, 22, 23, 24, 25, 26, 27, 28, 29, 30, 31, 32,
33, 34, 35, 36, 37, 38, 39, 40, 41, 42, 43, 44, 45,
46, 47, 48, 49, 50, 51, 52, 53, 54, 55, 56, 57, 58, 59,
60, 61, 62, 63, 64, 65, 66, 67, 68, 69, 70, 71, 72, 73,
74, 75, 76, 77, 78, 79, 80, 81, 82, 83, 84, 85, 86, 87,
88, 89, 90, 91, 92, 93, 94, 95, 96, 97, 98, 99, 100,
101, 102, 103, 104, 105, 106, 107, 108, 109, 110,
111, 112, 113, 114, 115, 116, 117, 118, 119, 120,
121, 122, 123, 124, 125, 126, 127, 128, 129, 130,
131, 132, 133, 134, 135, 136, 137, 138, 139, 140,
141, 142, 143, 144, 145, 146, 147, 148, 149, 150,
151, 152, 153, 154, 155, 156, 157, 158, 159, 160,
161, 162, 163, 164, 165, 166, 167, 168, 169, 170, 171,
172, 173, 174, 175
구로동 739-55, 56, 57, 58, 59, 60, 61, 62, 63, 64
구로동 740-66, 67, 68, 69, 70, 71, 72, 73, 74, 75, 76, 77

「유통산업발전법」 제2조에 따른 대규모점포 또는 준대규모점포의 일부인 경우에는 권리금 적용이 제외된다"는 제10조의5 제1호의 내용에 "다만 「전통시장 및 상점가 육성을 위한 특별법」 제2조 제1호에 의한 전통시장은 제외한다."라는 단서조항을 삽입하여, 전통시장에 위치한 상가의 임차상인도 권리금 회수기회를 보호받을 수 있도록 하였습니다.

현행법	개정안
제10조의5(권리금 적용 제외) 제10조의4는 다음 각 호의 어느 하나에 해당하는 상가건물 임대차의 경우에는 적용하지 아니한다.	**제10조의5(권리금 적용 제외)** 제10조의4는 다음 각 호의 어느 하나에 해당하는 상가건물 임대차의 경우에는 적용하지 아니한다.
1. 임대차 목적물인 상가건물이 「유통산업발전법」 제2조에 따른 대규모점포 또는 준대규모점포의 일부인 경우	1. 임대차 목적물인 상가건물이 「유통산업발전법」 제2조에 따른 대규모점포 또는 준대규모점포의 일부인 경우(다만, 「전통시장 및 상점가 육성을 위한 특별법」 제2조 제1호에 의한 전통시장은 제외한다)

현행
상가건물
임대차보호법
&
맘상모법

깐깐하게
살펴보기

현행「상가건물 임대차보호법」전문

제1조(목적) 이 법은 상가건물 임대차에 관하여「민법」에 대한 특례를 규정하여 국민 경제생활의 안정을 보장함을 목적으로 한다.

제2조(적용범위) ① 이 법은 상가건물(제3조제1항에 따른 사업자등록의 대상이 되는 건물을 말한다)의 임대차(임대차 목적물의 주된 부분을 영업용으로 사용하는 경우를 포함한다)에 대하여 적용한다. 다만, 대통령령으로 정하는 보증금액을 초과하는 임대차에 대하여는 그러하지 아니하다.

② 제1항 단서에 따른 보증금액을 정할 때에는 해당 지역의 경제 여건 및 임대차 목적물의 규모 등을 고려하여 지역별로 구분하여 규정하되, 보증금 외에 차임이 있는 경우에는 그 차임액에「은행법」에 따른 은행의 대출금리 등을 고려하여 대통령령으로 정하는 비율을 곱하여 환산한 금액을 포

함하여야 한다.

③ 제1항 단서에도 불구하고 제3조, 제10조제1항, 제2항, 제3항 본문, 제10
조의2부터 제10조의8까지의 규정 및 제19조는 제1항 단서에 따른 보증
금액을 초과하는 임대차에 대하여도 적용한다.

제3조(대항력 등) ① 임대차는 그 등기가 없는 경우에도 임차인이 건물의 인
도와 「부가가치세법」 제8조, 「소득세법」 제168조 또는 「법인세법」 제111
조에 따른 사업자등록을 신청하면 그 다음 날부터 제3자에 대하여 효력
이 생긴다.

② 임차건물의 양수인(그 밖에 임대할 권리를 승계한 자를 포함한다)은 임대인의 지
위를 승계한 것으로 본다.

③ 이 법에 따라 임대차의 목적이 된 건물이 매매 또는 경매의 목적물이 된
경우에는 「민법」 제575조제1항·제3항 및 제578조를 준용한다.

④ 제3항의 경우에는 「민법」 제536조를 준용한다.

제4조(확정일자 부여 및 임대차정보의 제공 등) ① 제5조제2항의 확정일자는 상
가건물의 소재지 관할 세무서장이 부여한다.

② 관할 세무서장은 해당 상가건물의 소재지, 확정일자 부여일, 차임 및 보증
금 등을 기재한 확정일자부를 작성하여야 한다. 이 경우 전산정보처리조
직을 이용할 수 있다.

③ 상가건물의 임대차에 이해관계가 있는 자는 관할 세무서장에게 해당 상
가건물의 확정일자 부여일, 차임 및 보증금 등 정보의 제공을 요청할 수
있다. 이 경우 요청을 받은 관할 세무서장은 정당한 사유 없이 이를 거부

할 수 없다.

④ 임대차 계약을 체결하려는 자는 임대인의 동의를 받아 관할 세무서장에게 제3항에 따른 정보제공을 요청할 수 있다.

⑤ 확정일자부에 기재하여야 할 사항, 상가건물의 임대차에 이해관계가 있는 자의 범위, 관할 세무서장에게 요청할 수 있는 정보의 범위 및 그 밖에 확정일자 부여사무와 정보제공 등에 필요한 사항은 대통령령으로 정한다.

제5조(보증금의 회수) ① 임차인이 임차건물에 대하여 보증금반환청구소송의 확정판결, 그 밖에 이에 준하는 집행권원에 의하여 경매를 신청하는 경우에는 「민사집행법」 제41조에도 불구하고 반대의무의 이행이나 이행의 제공을 집행개시의 요건으로 하지 아니한다.

② 제3조제1항의 대항요건을 갖추고 관할 세무서장으로부터 임대차 계약서상의 확정일자를 받은 임차인은 「민사집행법」에 따른 경매 또는 「국세징수법」에 따른 공매 시 임차건물(임대인 소유의 대지를 포함한다)의 환가대금에서 후순위권리자나 그 밖의 채권자보다 우선하여 보증금을 변제받을 권리가 있다.

③ 임차인은 임차건물을 양수인에게 인도하지 아니하면 제2항에 따른 보증금을 받을 수 없다.

④ 제2항 또는 제7항에 따른 우선변제의 순위와 보증금에 대하여 이의가 있는 이해관계인은 경매법원 또는 체납처분청에 이의를 신청할 수 있다.

⑤ 제4항에 따라 경매법원에 이의를 신청하는 경우에는 「민사집행법」 제152조부터 제161조까지의 규정을 준용한다.

⑥ 제4항에 따라 이의신청을 받은 체납처분청은 이해관계인이 이의신청일

부터 7일 이내에 임차인 또는 제7항에 따라 우선변제권을 승계한 금융기관 등을 상대로 소(訴)를 제기한 것을 증명한 때에는 그 소송이 종결될 때까지 이의가 신청된 범위에서 임차인 또는 제7항에 따라 우선변제권을 승계한 금융기관 등에 대한 보증금의 변제를 유보(留保)하고 남은 금액을 배분하여야 한다. 이 경우 유보된 보증금은 소송 결과에 따라 배분한다.

⑦ 다음 각 호의 금융기관 등이 제2항, 제6조제5항 또는 제7조제1항에 따른 우선변제권을 취득한 임차인의 보증금반환채권을 계약으로 양수한 경우에는 양수한 금액의 범위에서 우선변제권을 승계한다.

1. 「은행법」에 따른 은행

2. 「중소기업은행법」에 따른 중소기업은행

3. 「한국산업은행법」에 따른 한국산업은행

4. 「농업협동조합법」에 따른 농협은행

5. 「수산업협동조합법」에 따른 수산업협동조합중앙회

6. 「우체국예금·보험에 관한 법률」에 따른 체신관서

7. 「보험업법」 제4조제1항제2호라목의 보증보험을 보험종목으로 허가받은 보험회사

8. 그 밖에 제1호부터 제7호까지에 준하는 것으로서 대통령령으로 정하는 기관

⑧ 제7항에 따라 우선변제권을 승계한 금융기관 등(이하 "금융기관등"이라 한다)은 다음 각 호의 어느 하나에 해당하는 경우에는 우선변제권을 행사할 수 없다.

1. 임차인이 제3조제1항의 대항요건을 상실한 경우

2. 제6조제5항에 따른 임차권등기가 말소된 경우

3. 「민법」 제621조에 따른 임대차등기가 말소된 경우

⑨ 금융기관등은 우선변제권을 행사하기 위하여 임차인을 대리하거나 대위하여 임대차를 해지할 수 없다.

제6조(임차권등기명령) ① 임대차가 종료된 후 보증금이 반환되지 아니한 경우 임차인은 임차건물의 소재지를 관할하는 지방법원, 지방법원지원 또는 시·군법원에 임차권등기명령을 신청할 수 있다.

② 임차권등기명령을 신청할 때에는 다음 각 호의 사항을 기재하여야 하며, 신청 이유 및 임차권등기의 원인이 된 사실을 소명하여야 한다.

1. 신청 취지 및 이유

2. 임대차의 목적인 건물(임대차의 목적이 건물의 일부분인 경우에는 그 부분의 도면을 첨부한다)

3. 임차권등기의 원인이 된 사실(임차인이 제3조제1항에 따른 대항력을 취득하였거나 제5조제2항에 따른 우선변제권을 취득한 경우에는 그 사실)

4. 그 밖에 대법원규칙으로 정하는 사항

③ 임차권등기명령의 신청에 대한 재판, 임차권등기명령의 결정에 대한 임대인의 이의신청 및 그에 대한 재판, 임차권등기명령의 취소신청 및 그에 대한 재판 또는 임차권등기명령의 집행 등에 관하여는 「민사집행법」 제280조제1항, 제281조, 제283조, 제285조, 제286조, 제288조제1항·제2항 본문, 제289조, 제290조제2항 중 제288조제1항에 대한 부분, 제291조, 제293조를 준용한다. 이 경우 "가압류"는 "임차권등기"로, "채권자"는 "임차인"으로, "채무자"는 "임대인"으로 본다.

④ 임차권등기명령신청을 기각하는 결정에 대하여 임차인은 항고할 수 있다.

⑤ 임차권등기명령의 집행에 따른 임차권등기를 마치면 임차인은 제3조제1
항에 따른 대항력과 제5조제2항에 따른 우선변제권을 취득한다. 다만, 임
차인이 임차권등기 이전에 이미 대항력 또는 우선변제권을 취득한 경우
에는 그 대항력 또는 우선변제권이 그대로 유지되며, 임차권등기 이후에
는 제3조제1항의 대항요건을 상실하더라도 이미 취득한 대항력 또는 우
선변제권을 상실하지 아니한다.

⑥ 임차권등기명령의 집행에 따른 임차권등기를 마친 건물(임대차의 목적이 건
물의 일부분인 경우에는 그 부분으로 한정한다)을 그 이후에 임차한 임차인은
제14조에 따른 우선변제를 받을 권리가 없다.

⑦ 임차권등기의 촉탁, 등기관의 임차권등기 기입 등 임차권등기명령의 시행
에 관하여 필요한 사항은 대법원규칙으로 정한다.

⑧ 임차인은 제1항에 따른 임차권등기명령의 신청 및 그에 따른 임차권등기
와 관련하여 든 비용을 임대인에게 청구할 수 있다.

⑨ 금융기관등은 임차인을 대위하여 제1항의 임차권등기명령을 신청할 수 있
다. 이 경우 제3항·제4항 및 제8항의 "임차인"은 "금융기관등"으로 본다.

제7조(「민법」에 따른 임대차등기의 효력 등) ① 「민법」 제621조에 따른 건물임대
차등기의 효력에 관하여는 제6조제5항 및 제6항을 준용한다.

② 임차인이 대항력 또는 우선변제권을 갖추고 「민법」 제621조제1항에 따
라 임대인의 협력을 얻어 임대차등기를 신청하는 경우에는 신청서에 「부
동산등기법」 제74조제1호부터 제5호까지의 사항 외에 다음 각 호의 사항
을 기재하여야 하며, 이를 증명할 수 있는 서면(임대차의 목적이 건물의 일부
분인 경우에는 그 부분의 도면을 포함한다)을 첨부하여야 한다. 〈개정 2011.4.12.〉

1. 사업자등록을 신청한 날

2. 임차건물을 점유한 날

3. 임대차 계약서상의 확정일자를 받은 날

제8조(경매에 의한 임차권의 소멸) 임차권은 임차건물에 대하여 「민사집행법」에 따른 경매가 실시된 경우에는 그 임차건물이 매각되면 소멸한다. 다만, 보증금이 전액 변제되지 아니한 대항력이 있는 임차권은 그러하지 아니하다.

제9조(임대차 기간 등) ① 기간을 정하지 아니하거나 기간을 1년 미만으로 정한 임대차는 그 기간을 1년으로 본다. 다만, 임차인은 1년 미만으로 정한 기간이 유효함을 주장할 수 있다.

② 임대차가 종료한 경우에도 임차인이 보증금을 돌려받을 때까지는 임대차 관계는 존속하는 것으로 본다.

제10조(계약갱신요구 등) ① 임대인은 임차인이 임대차 기간이 만료되기 6개월 전부터 1개월 전까지 사이에 계약갱신을 요구할 경우 정당한 사유 없이 거절하지 못한다. 다만, 다음 각 호의 어느 하나의 경우에는 그러하지 아니하다.

1. 임차인이 3기의 차임액에 해당하는 금액에 이르도록 차임을 연체한 사실이 있는 경우

2. 임차인이 거짓이나 그 밖의 부정한 방법으로 임차한 경우

3. 서로 합의하여 임대인이 임차인에게 상당한 보상을 제공한 경우

4. 임차인이 임대인의 동의 없이 목적 건물의 전부 또는 일부를 전대(轉貸)

한 경우

5. 임차인이 임차한 건물의 전부 또는 일부를 고의나 중대한 과실로 파손한 경우

6. 임차한 건물의 전부 또는 일부가 멸실되어 임대차의 목적을 달성하지 못할 경우

7. 임대인이 다음 각 목의 어느 하나에 해당하는 사유로 목적 건물의 전부 또는 대부분을 철거하거나 재건축하기 위하여 목적 건물의 점유를 회복할 필요가 있는 경우

　가. 임대차 계약 체결 당시 공사시기 및 소요기간 등을 포함한 철거 또는 재건축 계획을 임차인에게 구체적으로 고지하고 그 계획에 따르는 경우

　나. 건물이 노후·훼손 또는 일부 멸실되는 등 안전사고의 우려가 있는 경우

　다. 다른 법령에 따라 철거 또는 재건축이 이루어지는 경우

8. 그 밖에 임차인이 임차인으로서의 의무를 현저히 위반하거나 임대차를 계속하기 어려운 중대한 사유가 있는 경우

② 임차인의 계약갱신요구권은 최초의 임대차 기간을 포함한 전체 임대차 기간이 5년을 초과하지 아니하는 범위에서만 행사할 수 있다.

③ 갱신되는 임대차는 전 임대차와 동일한 조건으로 다시 계약된 것으로 본다. 다만, 차임과 보증금은 제11조에 따른 범위에서 증감할 수 있다.

④ 임대인이 제1항의 기간 이내에 임차인에게 갱신 거절의 통지 또는 조건 변경의 통지를 하지 아니한 경우에는 그 기간이 만료된 때에 전 임대차와 동일한 조건으로 다시 임대차한 것으로 본다. 이 경우에 임대차의 존속기

간은 1년으로 본다.

⑤ 제4항의 경우 임차인은 언제든지 임대인에게 계약해지의 통고를 할 수 있고, 임대인이 통고를 받은 날부터 3개월이 지나면 효력이 발생한다.

제10조의2(계약갱신의 특례) 제2조제1항 단서에 따른 보증금액을 초과하는 임대차의 계약갱신의 경우에는 당사자는 상가건물에 관한 조세, 공과금, 주변 상가건물의 차임 및 보증금, 그 밖의 부담이나 경제사정의 변동 등을 고려하여 차임과 보증금의 증감을 청구할 수 있다.

제10조의3(권리금의 정의 등) ① 권리금이란 임대차 목적물인 상가건물에서 영업을 하는 자 또는 영업을 하려는 자가 영업시설·비품, 거래처, 신용, 영업상의 노하우, 상가건물의 위치에 따른 영업상의 이점 등 유형·무형의 재산적 가치의 양도 또는 이용대가로서 임대인, 임차인에게 보증금과 차임 이외에 지급하는 금전 등의 대가를 말한다.

② 권리금 계약이란 신규 임차인이 되려는 자가 임차인에게 권리금을 지급하기로 하는 계약을 말한다.

제10조의4(권리금 회수기회 보호 등) ① 임대인은 임대차 기간이 끝나기 3개월 전부터 임대차 종료 시까지 다음 각 호의 어느 하나에 해당하는 행위를 함으로써 권리금 계약에 따라 임차인이 주선한 신규 임차인이 되려는 자로부터 권리금을 지급받는 것을 방해하여서는 아니 된다. 다만, 제10조 제1항 각 호의 어느 하나에 해당하는 사유가 있는 경우에는 그러하지 아니하다.

1. 임차인이 주선한 신규 임차인이 되려는 자에게 권리금을 요구하거나 임차인이 주선한 신규 임차인이 되려는 자로부터 권리금을 수수하는 행위

2. 임차인이 주선한 신규 임차인이 되려는 자로 하여금 임차인에게 권리금을 지급하지 못하게 하는 행위

3. 임차인이 주선한 신규 임차인이 되려는 자에게 상가건물에 관한 조세, 공과금, 주변 상가건물의 차임 및 보증금, 그 밖의 부담에 따른 금액에 비추어 현저히 고액의 차임과 보증금을 요구하는 행위

4. 그 밖에 정당한 사유 없이 임대인이 임차인이 주선한 신규 임차인이 되려는 자와 임대차 계약의 체결을 거절하는 행위

② 다음 각 호의 어느 하나에 해당하는 경우에는 제1항제4호의 정당한 사유가 있는 것으로 본다.

1. 임차인이 주선한 신규 임차인이 되려는 자가 보증금 또는 차임을 지급할 자력이 없는 경우

2. 임차인이 주선한 신규 임차인이 되려는 자가 임차인으로서의 의무를 위반할 우려가 있거나 그 밖에 임대차를 유지하기 어려운 상당한 사유가 있는 경우

3. 임대차 목적물인 상가건물을 1년 6개월 이상 영리목적으로 사용하지 아니한 경우

4. 임대인이 선택한 신규 임차인이 임차인과 권리금 계약을 체결하고 그 권리금을 지급한 경우

③ 임대인이 제1항을 위반하여 임차인에게 손해를 발생하게 한 때에는 그 손해를 배상할 책임이 있다. 이 경우 그 손해배상액은 신규 임차인이 임차인에게 지급하기로 한 권리금과 임대차 종료 당시의 권리금 중 낮은 금액을

넘지 못한다.

④ 제3항에 따라 임대인에게 손해배상을 청구할 권리는 임대차가 종료한 날부터 3년 이내에 행사하지 아니하면 시효의 완성으로 소멸한다.

⑤ 임차인은 임대인에게 임차인이 주선한 신규 임차인이 되려는 자의 보증금 및 차임을 지급할 자력 또는 그 밖에 임차인으로서의 의무를 이행할 의사 및 능력에 관하여 자신이 알고 있는 정보를 제공하여야 한다.

제10조의5(권리금 적용 제외) 제10조의4는 다음 각 호의 어느 하나에 해당하는 상가건물 임대차의 경우에는 적용하지 아니한다.

    1. 임대차 목적물인 상가건물이 「유통산업발전법」 제2조에 따른 대규모점포 또는 준대규모점포의 일부인 경우

    2. 임대차 목적물인 상가건물이 「국유재산법」에 따른 국유재산 또는 「공유재산 및 물품 관리법」에 따른 공유재산인 경우

제10조의6(표준권리금계약서의 작성 등) 국토교통부장관은 임차인과 신규 임차인이 되려는 자가 권리금 계약을 체결하기 위한 표준권리금계약서를 정하여 그 사용을 권장할 수 있다.

제10조의7(권리금 평가기준의 고시) 국토교통부장관은 권리금에 대한 감정평가의 절차와 방법 등에 관한 기준을 고시할 수 있다.

제10조의8(차임연체와 해지) 임차인의 차임연체액이 3기의 차임액에 달하는 때에는 임대인은 계약을 해지할 수 있다

제11조(차임 등의 증감청구권) ① 차임 또는 보증금이 임차건물에 관한 조세, 공과금, 그 밖의 부담의 증감이나 경제 사정의 변동으로 인하여 상당하지 아니하게 된 경우에는 당사자는 장래의 차임 또는 보증금에 대하여 증감을 청구할 수 있다. 그러나 증액의 경우에는 대통령령으로 정하는 기준에 따른 비율을 초과하지 못한다.

② 제1항에 따른 증액 청구는 임대차 계약 또는 약정한 차임 등의 증액이 있은 후 1년 이내에는 하지 못한다.

제12조(월 차임 전환 시 산정률의 제한) 보증금의 전부 또는 일부를 월 단위의 차임으로 전환하는 경우에는 그 전환되는 금액에 다음 각 호 중 낮은 비율을 곱한 월 차임의 범위를 초과할 수 없다.

  1. 「은행법」에 따른 은행의 대출금리 및 해당 지역의 경제 여건 등을 고려하여 대통령령으로 정하는 비율

  2. 한국은행에서 공시한 기준금리에 대통령령으로 정하는 배수를 곱한 비율

제13조(전대차관계에 대한 적용 등) ① 제10조, 제10조의2, 제10조의8, 제11조 및 제12조는 전대인(轉貸人)과 전차인(轉借人)의 전대차관계에 적용한다.

② 임대인의 동의를 받고 전대차계약을 체결한 전차인은 임차인의 계약갱신요구권 행사기간 이내에 임차인을 대위(代位)하여 임대인에게 계약갱신요구권을 행사할 수 있다.

제14조(보증금 중 일정액의 보호) ① 임차인은 보증금 중 일정액을 다른 담보물권자보다 우선하여 변제받을 권리가 있다. 이 경우 임차인은 건물에 대한

경매신청의 등기 전에 제3조제1항의 요건을 갖추어야 한다.

② 제1항의 경우에 제5조제4항부터 제6항까지의 규정을 준용한다.

③ 제1항에 따라 우선변제를 받을 임차인 및 보증금 중 일정액의 범위와 기준은 임대건물가액(임대인 소유의 대지가액을 포함한다)의 2분의 1 범위에서 해당 지역의 경제 여건, 보증금 및 차임 등을 고려하여 대통령령으로 정한다.

제15조(강행규정) 이 법의 규정에 위반된 약정으로서 임차인에게 불리한 것은 효력이 없다.

제16조(일시사용을 위한 임대차) 이 법은 일시사용을 위한 임대차임이 명백한 경우에는 적용하지 아니한다.

제17조(미등기전세에의 준용) 목적건물을 등기하지 아니한 전세계약에 관하여 이 법을 준용한다. 이 경우 "전세금"은 "임대차의 보증금"으로 본다.

제18조(「소액사건심판법」의 준용) 임차인이 임대인에게 제기하는 보증금반환청구소송에 관하여는 「소액사건심판법」 제6조·제7조·제10조 및 제11조의2를 준용한다.

제19조(표준계약서의 작성 등) 법무부장관은 보증금, 차임액, 임대차 기간, 수선비 분담 등의 내용이 기재된 상가건물임대차표준계약서를 정하여 그 사용을 권장할 수 있다.

상가건물 임대차보호법 일부개정법률안

맘상모법

일명 맘상모법이라 불리는 「상가건물 임대차보호법」 일부개정법률안
은 박주민 의원 외 19인이 2016년 7월 21일 발의하였습니다. 지금부
터 소개하는 내용은 이 법을 제안하는 이유와 주요 내용에 대한 것
입니다.

상가건물 임대차보호법 일부개정법률안,
제안 이유 및 주요 내용

지난해 서울시가 조사한 바에 따르면, 서울에서 유동인구가 풍부
한 상위 5개 상권의 평균 환산보증금은 7억 9738만 원입니다. 그러

나 서울시의 상가들은 현행 규정에 의해, 환산보증금이 4억 원 이하이면 임대인이 계약 중단을 통지하지 않는 한 묵시적으로 계약이 연장되지만, 4억 원을 초과하면 세입자가 건물주에게 갱신 요구를 별도로 해야 합니다.

현행법상 건물주가 일방적으로 계약해지를 할 수 없는 기간은 5년에 불과한데 인테리어와 권리금 등 상가 임대인이 투입한 금액을 회수하기에는 기준 자체가 시세에 비해 너무 낮아 실효성이 없다는 지적이 제기될 수밖에 없습니다.

이에 가로수길, 상수동 등에서 인기를 얻은 동네의 상가들은 정작 그 동네를 일구고도 비싼 세입조건에 밀려 떠나야 하는 상황이 발생했습니다. 또한 환산보증금 기준은 수도권(과밀억제권역) 3억 원, 광역시 등 2억 4천만 원, 그 밖의 지역 1억 8천만 원 등으로 분류 범위도 매우 넓어 상가들을 일률적으로 규정하며 지역적 특성을 반영하지 못합니다. 게다가 임대차 기간을 다 채우지 못하고 임대건물이 재건축 및 철거되는 경우 퇴거에 대한 대책마련도 필요합니다.

이에 환산보증금을 삭제하고 결격사유가 있지 않는 한, 임대차 기간 중이면 언제든 권리금 회수가 가능하도록 하며 재건축건물의 우선입주권이나 퇴거보상료를 선택적으로 요구할 수 있도록 하고자 합니다. 또 광역지자체에 상가임대차분쟁조정위원회를 설치해 분쟁 해결이 원만하도록 하고자 합니다.

어느 조항을 어떻게 고쳤나

상가건물 임대차보호법 일부를 다음과 같이 개정한다.

제2조 제1항 단서를 삭제하고, 같은 조 제2항 및 제3항을 각각 삭제한다.

제10조 제2항을 삭제한다.

제10조의4 제1항 각 호 외의 부분 본문 중 "3개월 전부터 임대차 종료 시까지"를 "임대차 기간 중"으로 하고, 같은 항 각 호 외의 부분 단서 중 "제10조 제1항 각 호"를 "제10조 제1항 제2호부터 제8호까지"로 하며, 같은 조 제2항 제3호 중 "1년 6개월"을 "3년"으로 한다.

제10조의5제1호 중 "경우"를 "경우(다만, 「전통시장 및 상점가 육성을 위한 특별법」 제2조제1호에 의한 전통시장은 제외한다)"로 한다.

제10조의9 및 제10조의10을 각각 다음과 같이 신설한다.

제10조의9(재건축 건물의 우선입주요구권) ① 제10조제1항제7호 나목 또는 다목의 사유로 계약갱신요구가 거절된 경우에는 임차인은 그 건물을 철거하고 건축된 재건축 상가건물의 임대인에게 해당 상가건물의 일부 또는 전부에 대하여 행사하지 못한 기간의 범위에서 임대차 계약의 체결을 요구할 수 있다. 이 경우 임대인은 정당한 사유가 없는 한 이에 따라야 한다.

② 재건축 상가건물 중 임대차 건물의 위치·면적, 임대료 등 제1항에 따른 임대차 계약에 필요한 사항은 당사자의 협의로 정한다.

③ 제2항에 따른 협의가 이루어지지 않을 때에는 상가임대차분쟁조정위 원회는 당사자의 청구로 재건축 기간 동안의 경제적 사정의 변동, 주변 상가건물의 임대차 관행·시세 등 대통령령으로 정하는 사정을 고려하 여 제2항에 따른 임대차 계약에 필요한 사항을 정한다.

제10조의10(퇴거료 보상) ① 임차인이 제10조의9제1항에 따른 요구를 하지 아니하는 경우에는 목적 건물의 철거나 재건축에 따른 퇴거료의 보상 을 요구할 수 있다.
② 제1항에 따른 보상은 임대인과 임차인의 협의에 따른다. 다만, 협의가 이루어지지 않을 때에는 상가임대차분쟁조정위원회는 제10조의4제3 항 후단에 따른 손해배상액을 참고하여 보상액을 정한다.
③ 제1항 및 제2항에 따른 보상의 요구·협의 및 보상액결정 방식과 절차 는 대통령령으로 정한다.

제11조제1항 단서 중 "대통령령으로"를 "「통계법」 제3조에 따라 통계청 장이 고시하는 전년도 전국소비자물가변동률의 2배의 범위에서 특별시· 광역시·도·특별자치도의 조례로"로 한다.

제14조제3항 중 "경제 여건, 보증금 및 차임 등"을 "보증금"으로 한다.

제14조의2부터 제14조의5까지를 각각 다음과 같이 신설한다.

제14조의2(상가임대차분쟁조정위원회) ① 상가임대차에 관한 분쟁을 조정·

해결하기 위하여 특별시·광역시·도 또는 특별자치도에 상가임대차분쟁조정위원회(이하 "조정위원회"라 한다)를 둔다. 이 경우 필요할 때에는 대통령령으로 정하는 바에 따라 특별시·광역시·도 또는 특별자치도 안에 지구별 조정위원회를 둘 수 있다.

② 조정위원회는 위원장 1명을 포함한 5명 이상 15명 이하의 위원으로 구성한다.

③ 조정위원회의 위원장은 해당 지방자치단체의 부단체장으로 한다.

④ 조정위원회의 위원은 다음 각 호의 어느 하나에 해당하는 자 중에서 해당 지방자치단체의 장이 위촉한다.

  1. 법학·경제학 또는 부동산학 등을 전공하고 상가임대차 관련 전문지식을 갖춘 사람으로서 공인된 연구기관에서 조교수 이상 또는 이에 상당하는 직에 5년 이상 재직한 사람

  2. 변호사·감정평가사·공인회계사·법무사 또는 공인중개사로서 5년 이상 해당 분야에서 종사하고 상가임대차 관련 업무경험이 풍부한 사람

  3. 사회복지법인을 포함한 비영리법인에서 소비자보호활동 및 상가임대차문제의 상담에 3년 이상 종사한 경력이 있는 사람

  4. 그 밖에 상가임대차 관련 학식과 경험이 풍부한 사람으로서 대통령령으로 정하는 사람

⑤ 조정위원회의 결정은 재적위원 과반수의 출석과 출석위원 과반수의 찬성으로 결정한다.

⑥ 조정위원회의 운영을 지원하기 위하여 조정위원회에 간사를 둘 수 있다.

제14조의3(분쟁조정의 신청 및 조정기간) ① 임대인 또는 임차인은 조정위원회에 상가임대차와 관련한 분쟁의 조정을 신청할 수 있다.

② 조정위원회는 제1항에 따라 분쟁조정을 신청 받은 경우에 대통령령으로 정하는 바에 따라 지체 없이 분쟁조정절차를 개시하여야 한다.

③ 조정위원회는 제1항에 따라 분쟁조정을 신청 받은 경우에 그 신청을 받은 날부터 30일 이내에 그 분쟁조정을 마쳐야 한다.

④ 조정위원회는 제3항에도 불구하고 부득이한 사정으로 30일 이내에 그 분쟁조정을 마칠 수 없는 경우에 그 기간을 연장할 수 있다. 이 경우 그 사유와 기한을 명시하여 당사자에게 통지하여야 한다.

제14조의4(분쟁조정의 효력 등) ① 조정위원회의 위원장은 제14조의3에 따라 분쟁조정을 마친 경우에 지체 없이 당사자에게 그 분쟁조정의 내용을 통지하여야 한다.

② 제1항에 따른 통지를 받은 당사자는 그 통지를 받은 날부터 15일 이내에 분쟁조정의 내용에 대한 수락 여부를 조정위원회에 통보하여야 한다. 이 경우 15일 이내에 의사표시가 없을 때에는 수락한 것으로 본다.

③ 제2항에 따라 당사자가 분쟁조정의 내용을 수락하거나 수락한 것으로 보는 경우 조정위원회는 조정조서를 작성하고, 조정위원회의 위원장 및 각 당사자가 기명·날인하여야 한다. 다만, 수락한 것으로 보는 경우에는 각 당사자의 기명·날인을 생략할 수 있다.

④ 제3항에 따라 조정조서를 작성한 경우에는 당사자 간에 그 서면과 동일한 내용의 합의가 성립된 것으로 본다.

제14조의5(위임규정) 조정위원회의 운영·구성 및 분쟁조정에 필요한 사항은 대통령령으로 정한다.

부 칙

제1조(시행일) 이 법은 공포 후 6개월이 경과한 날부터 시행한다.

제2조(적용례) ① 제10조제1항의 개정규정은 이 법 개정 후 최초로 임차인이 계약갱신을 요구하는 경우부터 적용한다.

② 제10조의9 및 제10조의10의 개정규정은 이 법 시행 후 최초로 제10조제1항제7호에 따라 계약갱신요구를 거절한 경우부터 적용한다.

제3조(경과조치) 제10조제2항의 개정규정은 이 법 시행 당시 계약 중인 임대차 계약에도 적용한다.

현행법 Vs 맘상모법

제1조(목적) 이 법은 상가건물 임대차에 관하여 「민법」에 대한 특례를 규정하여 국민 경제생활의 안정을 보장함을 목적으로 한다.

제2조(적용범위) ① 이 법은 상가건물(제3조제1항에 따른 사업자등록의 대상이 되는 건물을 말한다)의 임대차(임대차 목적물의 주된 부분을 영업용으로 사용하는 경우를 포함한다)에 대하여 적용한다. 다만, 대통령령으로 정하는 보증금액을 초과하는 임대차에 대하여는 그러하지 아니하다. ◀⋯ 삭제

② 제1항 단서에 따른 보증금액을 정할 때에는 해당 지역의 경제 여건 및 임대차 목적물의 규모 등을 고려하여 지역별로 구분하여 규정하되, 보증금 외에 차임이 있는 경우에는 그 차임액에 「은행법」에 따른 은행의 대출금리 등을 고려하여 대통령령으로 정하는 비율을 곱하여 환산한 금액을 포

함하여야 한다. ◄⋯ 삭제

③ 제1항 단서에도 불구하고 제3조, 제10조제1항, 제2항, 제3항 본문, 제10
조의2부터 제10조의8까지의 규정 및 제19조는 제1항 단서에 따른 보증
금액을 초과하는 임대차에 대하여도 적용한다. ◄⋯ 삭제

제3조(대항력 등) ① 임대차는 그 등기가 없는 경우에도 임차인이 건물의 인
도와 「부가가치세법」 제8조, 「소득세법」 제168조 또는 「법인세법」 제111
조에 따른 사업자등록을 신청하면 그 다음 날부터 제3자에 대하여 효력
이 생긴다.

② 임차건물의 양수인(그 밖에 임대할 권리를 승계한 자를 포함한다)은 임대인의 지
위를 승계한 것으로 본다.

③ 이 법에 따라 임대차의 목적이 된 건물이 매매 또는 경매의 목적물이 된
경우에는 「민법」 제575조제1항·제3항 및 제578조를 준용한다.

④ 제3항의 경우에는 「민법」 제536조를 준용한다.

제4조(확정일자 부여 및 임대차정보의 제공 등) ① 제5조제2항의 확정일자는 상
가건물의 소재지 관할 세무서장이 부여한다.

② 관할 세무서장은 해당 상가건물의 소재지, 확정일자 부여일, 차임 및 보증
금 등을 기재한 확정일자부를 작성하여야 한다. 이 경우 전산정보처리조
직을 이용할 수 있다.

③ 상가건물의 임대차에 이해관계가 있는 자는 관할 세무서장에게 해당 상
가건물의 확정일자 부여일, 차임 및 보증금 등 정보의 제공을 요청할 수
있다. 이 경우 요청을 받은 관할 세무서장은 정당한 사유 없이 이를 거부

함하여야 한다.

③ 제1항 단서에도 불구하고 제3조, 제10조제1항, 제2항, 제3항 본문, 제10
조의2부터 제10조의8까지의 규정 및 제19조는 제1항 단서에 따른 보증
금액을 초과하는 임대차에 대하여도 적용한다.

제3조(대항력 등) ① 임대차는 그 등기가 없는 경우에도 임차인이 건물의 인
도와 「부가가치세법」 제8조, 「소득세법」 제168조 또는 「법인세법」 제111
조에 따른 사업자등록을 신청하면 그 다음 날부터 제3자에 대하여 효력
이 생긴다.

② 임차건물의 양수인(그 밖에 임대할 권리를 승계한 자를 포함한다)은 임대인의 지
위를 승계한 것으로 본다.

③ 이 법에 따라 임대차의 목적이 된 건물이 매매 또는 경매의 목적물이 된
경우에는 「민법」 제575조제1항·제3항 및 제578조를 준용한다.

④ 제3항의 경우에는 「민법」 제536조를 준용한다.

제4조(확정일자 부여 및 임대차정보의 제공 등) ① 제5조제2항의 확정일자는 상
가건물의 소재지 관할 세무서장이 부여한다.

② 관할 세무서장은 해당 상가건물의 소재지, 확정일자 부여일, 차임 및 보증
금 등을 기재한 확정일자부를 작성하여야 한다. 이 경우 전산정보처리조
직을 이용할 수 있다.

③ 상가건물의 임대차에 이해관계가 있는 자는 관할 세무서장에게 해당 상
가건물의 확정일자 부여일, 차임 및 보증금 등 정보의 제공을 요청할 수
있다. 이 경우 요청을 받은 관할 세무서장은 정당한 사유 없이 이를 거부

할 수 없다.

④ 임대차 계약을 체결하려는 자는 임대인의 동의를 받아 관할 세무서장에게 제3항에 따른 정보제공을 요청할 수 있다.

⑤ 확정일자부에 기재하여야 할 사항, 상가건물의 임대차에 이해관계가 있는 자의 범위, 관할 세무서장에게 요청할 수 있는 정보의 범위 및 그 밖에 확정일자 부여사무와 정보제공 등에 필요한 사항은 대통령령으로 정한다.

제5조(보증금의 회수) ① 임차인이 임차건물에 대하여 보증금반환청구소송의 확정판결, 그 밖에 이에 준하는 집행권원에 의하여 경매를 신청하는 경우에는 「민사집행법」 제41조에도 불구하고 반대의무의 이행이나 이행의 제공을 집행개시의 요건으로 하지 아니한다.

② 제3조제1항의 대항요건을 갖추고 관할 세무서장으로부터 임대차 계약서 상의 확정일자를 받은 임차인은 「민사집행법」에 따른 경매 또는 「국세징수법」에 따른 공매 시 임차건물(임대인 소유의 대지를 포함한다)의 환가대금에서 후순위권리자나 그 밖의 채권자보다 우선하여 보증금을 변제받을 권리가 있다.

③ 임차인은 임차건물을 양수인에게 인도하지 아니하면 제2항에 따른 보증금을 받을 수 없다.

④ 제2항 또는 제7항에 따른 우선변제의 순위와 보증금에 대하여 이의가 있는 이해관계인은 경매법원 또는 체납처분청에 이의를 신청할 수 있다.

⑤ 제4항에 따라 경매법원에 이의를 신청하는 경우에는 「민사집행법」 제152조부터 제161조까지의 규정을 준용한다.

⑥ 제4항에 따라 이의신청을 받은 체납처분청은 이해관계인이 이의신청일

부터 7일 이내에 임차인 또는 제7항에 따라 우선변제권을 승계한 금융기관 등을 상대로 소(訴)를 제기한 것을 증명한 때에는 그 소송이 종결될 때까지 이의가 신청된 범위에서 임차인 또는 제7항에 따라 우선변제권을 승계한 금융기관 등에 대한 보증금의 변제를 유보(留保)하고 남은 금액을 배분하여야 한다. 이 경우 유보된 보증금은 소송 결과에 따라 배분한다.

⑦ 다음 각 호의 금융기관 등이 제2항, 제6조제5항 또는 제7조제1항에 따른 우선변제권을 취득한 임차인의 보증금반환채권을 계약으로 양수한 경우에는 양수한 금액의 범위에서 우선변제권을 승계한다.

    1. 「은행법」에 따른 은행

    2. 「중소기업은행법」에 따른 중소기업은행

    3. 「한국산업은행법」에 따른 한국산업은행

    4. 「농업협동조합법」에 따른 농협은행

    5. 「수산업협동조합법」에 따른 수산업협동조합중앙회

    6. 「우체국예금·보험에 관한 법률」에 따른 체신관서

    7. 「보험업법」 제4조제1항제2호라목의 보증보험을 보험종목으로 허가받은 보험회사

    8. 그 밖에 제1호부터 제7호까지에 준하는 것으로서 대통령령으로 정하는 기관

⑧ 제7항에 따라 우선변제권을 승계한 금융기관 등(이하 "금융기관등"이라 한다)은 다음 각 호의 어느 하나에 해당하는 경우에는 우선변제권을 행사할 수 없다.

    1. 임차인이 제3조제1항의 대항요건을 상실한 경우

    2. 제6조제5항에 따른 임차권등기가 말소된 경우

3. 「민법」 제621조에 따른 임대차등기가 말소된 경우

⑨ 금융기관등은 우선변제권을 행사하기 위하여 임차인을 대리하거나 대위하여 임대차를 해지할 수 없다.

제6조(임차권등기명령) ① 임대차가 종료된 후 보증금이 반환되지 아니한 경우 임차인은 임차건물의 소재지를 관할하는 지방법원, 지방법원지원 또는 시·군법원에 임차권등기명령을 신청할 수 있다.

② 임차권등기명령을 신청할 때에는 다음 각 호의 사항을 기재하여야 하며, 신청 이유 및 임차권등기의 원인이 된 사실을 소명하여야 한다.

1. 신청 취지 및 이유

2. 임대차의 목적인 건물(임대차의 목적이 건물의 일부분인 경우에는 그 부분의 도면을 첨부한다)

3. 임차권등기의 원인이 된 사실(임차인이 제3조제1항에 따른 대항력을 취득하였거나 제5조제2항에 따른 우선변제권을 취득한 경우에는 그 사실)

4. 그 밖에 대법원규칙으로 정하는 사항

③ 임차권등기명령의 신청에 대한 재판, 임차권등기명령의 결정에 대한 임대인의 이의신청 및 그에 대한 재판, 임차권등기명령의 취소신청 및 그에 대한 재판 또는 임차권등기명령의 집행 등에 관하여는 「민사집행법」 제280조제1항, 제281조, 제283조, 제285조, 제286조, 제288조제1항·제2항 본문, 제289조, 제290조제2항 중 제288조제1항에 대한 부분, 제291조, 제293조를 준용한다. 이 경우 "가압류"는 "임차권등기"로, "채권자"는 "임차인"으로, "채무자"는 "임대인"으로 본다.

④ 임차권등기명령신청을 기각하는 결정에 대하여 임차인은 항고할 수 있다.

⑤ 임차권등기명령의 집행에 따른 임차권등기를 마치면 임차인은 제3조제1
항에 따른 대항력과 제5조제2항에 따른 우선변제권을 취득한다. 다만, 임
차인이 임차권등기 이전에 이미 대항력 또는 우선변제권을 취득한 경우
에는 그 대항력 또는 우선변제권이 그대로 유지되며, 임차권등기 이후에
는 제3조제1항의 대항요건을 상실하더라도 이미 취득한 대항력 또는 우
선변제권을 상실하지 아니한다.

⑥ 임차권등기명령의 집행에 따른 임차권등기를 마친 건물(임대차의 목적이 건
물의 일부분인 경우에는 그 부분으로 한정한다)을 그 이후에 임차한 임차인은
제14조에 따른 우선변제를 받을 권리가 없다.

⑦ 임차권등기의 촉탁, 등기관의 임차권등기 기입 등 임차권등기명령의 시행
에 관하여 필요한 사항은 대법원규칙으로 정한다.

⑧ 임차인은 제1항에 따른 임차권등기명령의 신청 및 그에 따른 임차권등기
와 관련하여 든 비용을 임대인에게 청구할 수 있다.

⑨ 금융기관등은 임차인을 대위하여 제1항의 임차권등기명령을 신청할 수 있
다. 이 경우 제3항·제4항 및 제8항의 "임차인"은 "금융기관등"으로 본다.

제7조(「민법」에 따른 임대차등기의 효력 등) ① 「민법」 제621조에 따른 건물임대
차등기의 효력에 관하여는 제6조제5항 및 제6항을 준용한다.

② 임차인이 대항력 또는 우선변제권을 갖추고 「민법」 제621조제1항에 따
라 임대인의 협력을 얻어 임대차등기를 신청하는 경우에는 신청서에 「부
동산등기법」 제74조제1호부터 제5호까지의 사항 외에 다음 각 호의 사항
을 기재하여야 하며, 이를 증명할 수 있는 서면(임대차의 목적이 건물의 일부
분인 경우에는 그 부분의 도면을 포함한다)을 첨부하여야 한다. 〈개정 2011.4.12.〉

1. 사업자등록을 신청한 날
2. 임차건물을 점유한 날
3. 임대차 계약서상의 확정일자를 받은 날

제8조(경매에 의한 임차권의 소멸) 임차권은 임차건물에 대하여 「민사집행법」에 따른 경매가 실시된 경우에는 그 임차건물이 매각되면 소멸한다. 다만, 보증금이 전액 변제되지 아니한 대항력이 있는 임차권은 그러하지 아니하다.

제9조(임대차 기간 등) ① 기간을 정하지 아니하거나 기간을 1년 미만으로 정한 임대차는 그 기간을 1년으로 본다. 다만, 임차인은 1년 미만으로 정한 기간이 유효함을 주장할 수 있다.
② 임대차가 종료한 경우에도 임차인이 보증금을 돌려받을 때까지는 임대차 관계는 존속하는 것으로 본다.

제10조(계약갱신요구 등) ① 임대인은 임차인이 임대차 기간이 만료되기 6개월 전부터 1개월 전까지 사이에 계약갱신을 요구할 경우 정당한 사유 없이 거절하지 못한다. 다만, 다음 각 호의 어느 하나의 경우에는 그러하지 아니하다.
1. 임차인이 3기의 차임액에 해당하는 금액에 이르도록 차임을 연체한 사실이 있는 경우
2. 임차인이 거짓이나 그 밖의 부정한 방법으로 임차한 경우
3. 서로 합의하여 임대인이 임차인에게 상당한 보상을 제공한 경우

4. 임차인이 임대인의 동의 없이 목적 건물의 전부 또는 일부를 전대(轉貸)
   한 경우

5. 임차인이 임차한 건물의 전부 또는 일부를 고의나 중대한 과실로 파손
   한 경우

6. 임차한 건물의 전부 또는 일부가 멸실되어 임대차의 목적을 달성하지
   못할 경우

7. 임대인이 다음 각 목의 어느 하나에 해당하는 사유로 목적 건물의 전부
   또는 대부분을 철거하거나 재건축하기 위하여 목적 건물의 점유를 회
   복할 필요가 있는 경우

   가. 임대차 계약 체결 당시 공사시기 및 소요기간 등을 포함한 철거 또
       는 재건축 계획을 임차인에게 구체적으로 고지하고 그 계획에 따르
       는 경우

   나. 건물이 노후·훼손 또는 일부 멸실되는 등 안전사고의 우려가 있는
       경우

   다. 다른 법령에 따라 철거 또는 재건축이 이루어지는 경우

8. 그 밖에 임차인이 임차인으로서의 의무를 현저히 위반하거나 임대차
   를 계속하기 어려운 중대한 사유가 있는 경우

② 임차인의 계약갱신요구권은 최초의 임대차 기간을 포함한 전체 임대차
   기간이 5년을 초과하지 아니하는 범위에서만 행사할 수 있다. ◄⋯ [삭제]

③ 갱신되는 임대차는 전 임대차와 동일한 조건으로 다시 계약된 것으로 본
   다. 다만, 차임과 보증금은 제11조에 따른 범위에서 증감할 수 있다.

④ 임대인이 제1항의 기간 이내에 임차인에게 갱신 거절의 통지 또는 조건
   변경의 통지를 하지 아니한 경우에는 그 기간이 만료된 때에 전 임대차와

동일한 조건으로 다시 임대차한 것으로 본다. 이 경우에 임대차의 존속기간은 1년으로 본다.

⑤ 제4항의 경우 임차인은 언제든지 임대인에게 계약해지의 통고를 할 수 있고, 임대인이 통고를 받은 날부터 3개월이 지나면 효력이 발생한다.

제10조의2(계약갱신의 특례) 제2조제1항 단서에 따른 보증금액을 초과하는 임대차의 계약갱신의 경우에는 당사자는 상가건물에 관한 조세, 공과금, 주변 상가건물의 차임 및 보증금, 그 밖의 부담이나 경제사정의 변동 등을 고려하여 차임과 보증금의 증감을 청구할 수 있다.

제10조의3(권리금의 정의 등) ① 권리금이란 임대차 목적물인 상가건물에서 영업을 하는 자 또는 영업을 하려는 자가 영업시설·비품, 거래처, 신용, 영업상의 노하우, 상가건물의 위치에 따른 영업상의 이점 등 유형·무형의 재산적 가치의 양도 또는 이용대가로서 임대인, 임차인에게 보증금과 차임 이외에 지급하는 금전 등의 대가를 말한다.

② 권리금 계약이란 신규 임차인이 되려는 자가 임차인에게 권리금을 지급하기로 하는 계약을 말한다.

임대차 기간 중

제10조의4(권리금 회수기회 보호 등) ① 임대인은 임대차 기간이 끝나기 3개월 전부터 임대차 종료 시까지 다음 각 호의 어느 하나에 해당하는 행위를 함으로써 권리금 계약에 따라 임차인이 주선한 신규 임차인이 되려는 자로부터 권리금을 지급받는 것을 방해하여서는 아니 된다. 다만, 제10조 제1항 각 호의 어느 하나에 해당하는 사유가 있는 경우에는 그러하지 아니

제10조 제1항 제2호 부터 제8호까지

하다.

1. 임차인이 주선한 신규 임차인이 되려는 자에게 권리금을 요구하거나 임차인이 주선한 신규 임차인이 되려는 자로부터 권리금을 수수하는 행위

2. 임차인이 주선한 신규 임차인이 되려는 자로 하여금 임차인에게 권리금을 지급하지 못하게 하는 행위

3. 임차인이 주선한 신규 임차인이 되려는 자에게 상가건물에 관한 조세, 공과금, 주변 상가건물의 차임 및 보증금, 그 밖의 부담에 따른 금액에 비추어 현저히 고액의 차임과 보증금을 요구하는 행위

4. 그 밖에 정당한 사유 없이 임대인이 임차인이 주선한 신규 임차인이 되려는 자와 임대차 계약의 체결을 거절하는 행위

② 다음 각 호의 어느 하나에 해당하는 경우에는 제1항 제4호의 정당한 사유가 있는 것으로 본다.

1. 임차인이 주선한 신규 임차인이 되려는 자가 보증금 또는 차임을 지급할 자력이 없는 경우

2. 임차인이 주선한 신규 임차인이 되려는 자가 임차인으로서의 의무를 위반할 우려가 있거나 그 밖에 임대차를 유지하기 어려운 상당한 사유가 있는 경우

3. 임대차 목적물인 상가건물을 1년 6개월 이상 영리목적으로 사용하지 아니한 경우   <u>3년</u>

4. 임대인이 선택한 신규 임차인이 임차인과 권리금 계약을 체결하고 그 권리금을 지급한 경우

③ 임대인이 제1항을 위반하여 임차인에게 손해를 발생하게 한 때에는 그 손

해를 배상할 책임이 있다. 이 경우 그 손해배상액은 신규 임차인이 임차인에게 지급하기로 한 권리금과 임대차 종료 당시의 권리금 중 낮은 금액을 넘지 못한다.

④ 제3항에 따라 임대인에게 손해배상을 청구할 권리는 임대차가 종료한 날부터 3년 이내에 행사하지 아니하면 시효의 완성으로 소멸한다.

⑤ 임차인은 임대인에게 임차인이 주선한 신규 임차인이 되려는 자의 보증금 및 차임을 지급할 자력 또는 그 밖에 임차인으로서의 의무를 이행할 의사 및 능력에 관하여 자신이 알고 있는 정보를 제공하여야 한다.

제10조의5(권리금 적용 제외) 제10조의4는 다음 각 호의 어느 하나에 해당하는 상가건물 임대차의 경우에는 적용하지 아니한다.

1. 임대차 목적물인 상가건물이 「유통산업발전법」 제2조에 따른 대규모점포 또는 준대규모점포의 일부인 경우 ◄···· ~ 경우. 다만 「전통시장 및 상점가 육성을 위한 특별법」 제2조제1호에 의한 전통시장은 제외한다)

2. 임대차 목적물인 상가건물이 「국유재산법」에 따른 국유재산 또는 「공유재산 및 물품 관리법」에 따른 공유재산인 경우

제10조의6(표준권리금계약서의 작성 등) 국토교통부장관은 임차인과 신규 임차인이 되려는 자가 권리금 계약을 체결하기 위한 표준권리금계약서를 정하여 그 사용을 권장할 수 있다.

제10조의7(권리금 평가기준의 고시) 국토교통부장관은 권리금에 대한 감정평가의 절차와 방법 등에 관한 기준을 고시할 수 있다.

제10조의8(차임연체와 해지) 임차인의 차임연체액이 3기의 차임액에 달하는
때에는 임대인은 계약을 해지할 수 있다

신설

제10조의9(재건축 건물의 우선입주요구권) ① 제10조제1항제7호 나목 또는 다
목의 사유로 계약갱신요구가 거절된 경우에는 임차인은 그 건물을 철거하
고 건축된 재건축 상가건물의 임대인에게 해당 상가건물의 일부 또는 전
부에 대하여 행사하지 못한 기간의 범위에서 임대차 계약의 체결을 요구
할 수 있다. 이 경우 임대인은 정당한 사유가 없는 한 이에 따라야 한다.

② 재건축 상가건물 중 임대차 건물의 위치·면적, 임대료 등 제1항에 따른 임
대차 계약에 필요한 사항은 당사자의 협의로 정한다.

③ 제2항에 따른 협의가 이루어지지 않을 때에는 상가임대차분쟁조정위원
회는 당사자의 청구로 재건축 기간 동안의 경제적 사정의 변동, 주변 상가
건물의 임대차 관행·시세 등 대통령령으로 정하는 사정을 고려하여 제2
항에 따른 임대차 계약에 필요한 사항을 정한다.

신설

제10조의10(퇴거료 보상) ① 임차인이 제10조의9제1항에 따른 요구를 하지
아니하는 경우에는 목적 건물의 철거나 재건축에 따른 퇴거료의 보상을
요구할 수 있다.

② 제1항에 따른 보상은 임대인과 임차인의 협의에 따른다. 다만, 협의가 이
루어지지 않을 때에는 상가임대차분쟁조정위원회는 제10조의4제3항 후
단에 따른 손해배상액을 참고하여 보상액을 정한다.

③ 제1항 및 제2항에 따른 보상의 요구·협의 및 보상액결정 방식과 절차는
대통령령으로 정한다.

제11조(차임 등의 증감청구권) ① 차임 또는 보증금이 임차건물에 관한 조세, 공과금, 그 밖의 부담의 증감이나 경제 사정의 변동으로 인하여 상당하지 아니하게 된 경우에는 당사자는 장래의 차임 또는 보증금에 대하여 증감을 청구할 수 있다. 그러나 증액의 경우에는 대통령령으로 정하는 기준에 따른 비율을 초과하지 못한다.

> 「통계법」 제3조에 따라 통계청장이 고시하는 전년도 전국소비자물가변동률의 2배의 범위에서 특별시·광역시·도·특별자치도의 조례로

② 제1항에 따른 증액 청구는 임대차 계약 또는 약정한 차임 등의 증액이 있은 후 1년 이내에는 하지 못한다.

제12조(월 차임 전환 시 산정률의 제한) 보증금의 전부 또는 일부를 월 단위의 차임으로 전환하는 경우에는 그 전환되는 금액에 다음 각 호 중 낮은 비율을 곱한 월 차임의 범위를 초과할 수 없다.

1. 「은행법」에 따른 은행의 대출금리 및 해당 지역의 경제 여건 등을 고려하여 대통령령으로 정하는 비율
2. 한국은행에서 공시한 기준금리에 대통령령으로 정하는 배수를 곱한 비율

제13조(전대차관계에 대한 적용 등) ① 제10조, 제10조의2, 제10조의8, 제11조 및 제12조는 전대인(轉貸人)과 전차인(轉借人)의 전대차관계에 적용한다.

② 임대인의 동의를 받고 전대차계약을 체결한 전차인은 임차인의 계약갱신요구권 행사기간 이내에 임차인을 대위(代位)하여 임대인에게 계약갱신요구권을 행사할 수 있다.

제14조(보증금 중 일정액의 보호) ① 임차인은 보증금 중 일정액을 다른 담보물

권자보다 우선하여 변제받을 권리가 있다. 이 경우 임차인은 건물에 대한
경매신청의 등기 전에 제3조제1항의 요건을 갖추어야 한다.

② 제1항의 경우에 제5조제4항부터 제6항까지의 규정을 준용한다.

③ 제1항에 따라 우선변제를 받을 임차인 및 보증금 중 일정액의 범위와 기준
은 임대건물가액(임대인 소유의 대지가액을 포함한다)의 2분의 1 범위에서 해당
지역의 경제 여건, 보증금 및 차임 등을 고려하여 대통령령으로 정한다.

보증금　　　　　　　　　　　　　　　　　신설

제14조의2(상가임대차분쟁조정위원회) ① 상가임대차에 관한 분쟁을 조정·해
결하기 위하여 특별시·광역시·도 또는 특별자치도에 상가임대차분쟁조
정위원회(이하 "조정위원회"라 한다)를 둔다. 이 경우 필요할 때에는 대통령령
으로 정하는 바에 따라 특별시·광역시·도 또는 특별자치도 안에 지구별
조정위원회를 둘 수 있다.

② 조정위원회는 위원장 1명을 포함한 5명 이상 15명 이하의 위원으로 구성
한다.

③ 조정위원회의 위원장은 해당 지방자치단체의 부단체장으로 한다.

④ 조정위원회의 위원은 다음 각 호의 어느 하나에 해당하는 자 중에서 해당
지방자치단체의 장이 위촉한다.

　　1. 법학·경제학 또는 부동산학 등을 전공하고 상가임대차 관련 전문지식
　　　을 갖춘 사람으로서 공인된 연구기관에서 조교수 이상 또는 이에 상당
　　　하는 직에 5년 이상 재직한 사람

　　2. 변호사·감정평가사·공인회계사·법무사 또는 공인중개사로서 5년 이
　　　상 해당 분야에서 종사하고 상가임대차 관련 업무경험이 풍부한 사람

　　3. 사회복지법인을 포함한 비영리법인에서 소비자보호활동 및 상가임대

차문제의 상담에 3년 이상 종사한 경력이 있는 사람

4. 그 밖에 상가임대차 관련 학식과 경험이 풍부한 사람으로서 대통령령으로 정하는 사람

⑤ 조정위원회의 결정은 재적위원 과반수의 출석과 출석위원 과반수의 찬성으로 결정한다.

⑥ 조정위원회의 운영을 지원하기 위하여 조정위원회에 간사를 둘 수 있다.

신설

제14조의3(분쟁조정의 신청 및 조정기간) ① 임대인 또는 임차인은 조정위원회에 상가임대차와 관련한 분쟁의 조정을 신청할 수 있다.

② 조정위원회는 제1항에 따라 분쟁조정을 신청 받은 경우에 대통령령으로 정하는 바에 따라 지체 없이 분쟁조정절차를 개시하여야 한다.

③ 조정위원회는 제1항에 따라 분쟁조정을 신청 받은 경우에 그 신청을 받은 날부터 30일 이내에 그 분쟁조정을 마쳐야 한다.

④ 조정위원회는 제3항에도 불구하고 부득이한 사정으로 30일 이내에 그 분쟁조정을 마칠 수 없는 경우에 그 기간을 연장할 수 있다. 이 경우 그 사유와 기한을 명시하여 당사자에게 통지하여야 한다.

신설

제14조의4(분쟁조정의 효력 등) ① 조정위원회의 위원장은 제14조의3에 따라 분쟁조정을 마친 경우에 지체 없이 당사자에게 그 분쟁조정의 내용을 통지하여야 한다.

② 제1항에 따른 통지를 받은 당사자는 그 통지를 받은 날부터 15일 이내에 분쟁조정의 내용에 대한 수락 여부를 조정위원회에 통보하여야 한다. 이 경우 15일 이내에 의사표시가 없을 때에는 수락한 것으로 본다.

③ 제2항에 따라 당사자가 분쟁조정의 내용을 수락하거나 수락한 것으로 보는 경우 조정위원회는 조정조서를 작성하고, 조정위원회의 위원장 및 각 당사자가 기명·날인하여야 한다. 다만, 수락한 것으로 보는 경우에는 각 당사자의 기명·날인을 생략할 수 있다.

④ 제3항에 따라 조정조서를 작성한 경우에는 당사자 간에 그 서면과 동일한 내용의 합의가 성립된 것으로 본다.

┌─────┐
│ 신설 │
└─────┘

제14조의5(위임규정) 조정위원회의 운영·구성 및 분쟁조정에 필요한 사항은 대통령령으로 정한다.

제15조(강행규정) 이 법의 규정에 위반된 약정으로서 임차인에게 불리한 것은 효력이 없다.

제16조(일시사용을 위한 임대차) 이 법은 일시사용을 위한 임대차임이 명백한 경우에는 적용하지 아니한다.

제17조(미등기전세에의 준용) 목적건물을 등기하지 아니한 전세계약에 관하여 이 법을 준용한다. 이 경우 "전세금"은 "임대차의 보증금"으로 본다.

제18조(「소액사건심판법」의 준용) 임차인이 임대인에게 제기하는 보증금반환 청구소송에 관하여는 「소액사건심판법」 제6조·제7조·제10조 및 제11조의2를 준용한다.

제19조(표준계약서의 작성 등) 법무부장관은 보증금, 차임액, 임대차 기간, 수선비 분담 등의 내용이 기재된 상가건물임대차표준계약서를 정하여 그 사용을 권장할 수 있다.

이 책은 스페셜 북펀드를 통해
아래 후원자님과 함께 만들었습니다

강영미 / 강재웅 / 강주한 / 구동열

구자광 / 김기남 / 김기태 / 김병희

김상국 / 김선비 / 김성기 / 김수환

김신우 / 김정애 / 김정환 / 김주현

김중기 / 김효전 / 노원주 / 노현정

명노현 / 박순배 / 박연옥 / 박영식

박은경 / 박인경 / 박진순 / 백준혁

서민정 / 서은진 / 손정욱 / 송정화

송화미 / 신민영 / 신승준 / 신정선

신현덕 / 심소은 / 심재홍 / 원성운

원혜령 / 유성환 / 유승안 / 유인환

윤기수 / 이경호 / 이나나 / 이승빈

이은희 / 이정평 / 이지은 / 임이랑

장경훈 / 전미혜 / 정규열 / 정영미

조민희 / 조승주 / 조유진 / 조정우

최영기 / 최용자 / 최재길 / 최헌영

하상우

합법적으로 임차인을 내쫓아드립니다
대한민국에서 자영업자로 살아남는 법

초판 1쇄 발행 2016년 10월 10일

지은이 구본기
만 화 권용득
펴낸이 윤주용

펴낸곳 초록비책공방
출판등록 2013년 4월 25일 제2013-000130
주소 서울시 마포구 월드컵북로 400 문화콘텐츠센터 5층 19호
전화 0505-566-5522 팩스 02-6008-1777
메일 jooyongy@daum.net

ISBN 979-11-86358-19-1 (03320)

이 도서의 국립중앙도서관 출판예정도서목록(CIP)은 서지정보유통지원시스템 홈페
이지(http://seoji.nl.go.kr)와 국가자료공동목록시스템(http://www.nl.go.kr/kolisnet)
에서 이용하실 수 있습니다.(CIP제어번호: CIP2016023675)